おうち野菜の神レシピ

野菜バイヤーと
一つ星シェフが
考えた新定番

青髪のテツ
×
鳥羽周作

著

CONTENTS

SPRING 春野菜

SUMMER 夏野菜

はじめに

この本を手にとってくださりありがとうございます。
青髪のテツです。
今回は私にとってはじめての**コラボ本**……
野菜のレシピ本を出すなら**絶対に鳥羽さんと作りたい！**
そう願っての、夢の実現です。

私は日頃から、**野菜をもっと食べてほしい、**
そのためにもっと野菜を楽しんでほしいという思いでSNSの発信をしています。
みなさんと野菜の距離がぐっと近づくには、
まず、旬を知りおいしい時期を知ったうえで、おいしい食べ方を知ってもらうこと！
とくに調理によって味は大きく左右されますが、
今回は鳥羽さんに簡単で再現性のあるおいしいメニューを紹介して頂きました！
これは見逃せません。
本書でご紹介する料理を実際に食べたのですが、
感動するレベルでおいしかったです。
この感動をみなさんにも自宅で体感して頂きたいです。

そしてもちろん**僕のおいしい野菜の選び方、**
最後までおいしく食べ切るための**保存方法も、**
お見逃しなく、試してみてください。

食は生きていく上で毎日必要なもの。食を楽しめれば人生が豊かになるはずです。
この本が、春夏秋冬、一年中、一生、
みなさんの役に立つ本であればこんなに嬉しいことはありません。

青髪のテツ

こんにちは！　鳥羽周作です。
僕はみなさんに「おいしい」の体験をしていただきたいという想いで、
メディアを通して料理のことやレシピを発信しています。
そのために、肉、魚介、野菜、お米にパスタに、
なんでも愛をもっておいしく調理したいと思っています。

そんななかで、今回は野菜と向き合うレシピ本の話をもらって、
めちゃくちゃうれしかったです。
仲良くしていただいている**テツさんとタッグを組めるなんて、最高す！**
野菜業界でこんなに信用しているかたと本を作れるのだから、
僕も**自信をもっておすすめしたいレシピ**を考えました。

野菜と向き合ってみると、本当にうまみがすごくて、
意図せずとも肉や魚介を使わないレシピもたくさん生まれていました。
野菜だけでもうまみは充分に引き出せて、満足度も高い！
一見脇役になりがちな野菜は、
実はどれも**主役級のおいしさ**を持っているんですよね。
旬で食べられたら、**最高に贅沢！**
通年おいしい野菜も増えているので、全野菜、
本来のおいしさを引き出す**シンプルに味わうレシピ**と、
僕だからこそ思いついた**sioのオリジナルレシピ**の両方をご紹介しています。

圧倒的に簡単で、圧倒的においしいコツを詰め込んだので、
ぜひ、一年中使い倒してください。
野菜が上手に使えるようになると、**人生の糧がひとつ増える**と思います。
一緒に旬を食べ尽くしましょう！

鳥羽周作

季節野菜を楽しむ心得

季節野菜を楽しむ理由

1 _旬の野菜は味が良い

2 _旬の野菜は栄養価が高い場合が多い

3 _旬の野菜は流通量が増えるので安価になりやすく節約につながる

4 _季節の野菜を家族で食べることは子どもの食育や、

　　日本の四季、季節の行事を詳しく知ることにつながる

5 _上4点から家族のQOLがちょっと高まり幸せになる

季節野菜を楽しむために

野菜の旬を知る

例えば新じゃがいもは春、ピーマンは夏、れんこんは秋、などざっくりでOK。本書では季節ごとにご紹介しているので、1年を通してくり返し永遠に役立ててください。通年出回る野菜にも「旬」があるので、着目してみて。

季節野菜の食べ方を知る

なんといっても本書は鳥羽シェフ考案の選りすぐり絶品レシピが魅力！　その野菜が特においしい季節には、【シンプルに味わうレシピ】を。旬でなくても通年おいしい野菜もたくさんあるので、【sioオリジナルレシピ】も味わってみて。

季節の行事を
旬の野菜で楽しむ

日本には四季があり、季節の行事にまつわる食文化があります。各地方で様々ですが、旬の野菜を行事を楽しむきっかけにしてみるのも良いもの。春のお彼岸は山菜の天ぷらを食べようとか、お花見には春野菜のお弁当、運動会には秋野菜を入れたいな、などと考えると楽しくなるはず。

野菜の旬
早見表

近年の日本では通年おいしく食べられる野菜が増えました。
でもやはり、旬の野菜にはほかにないおいしさがあり、
その時期にしか手に入らないものもあるところが春夏秋冬の醍醐味！
本書のレシピで旬を味わいましょう。

MONTH

| 3 | 4 | 5 | 6 | 7 | 8 | 9 | 10 | 11 | 12 | 1 | 2 |

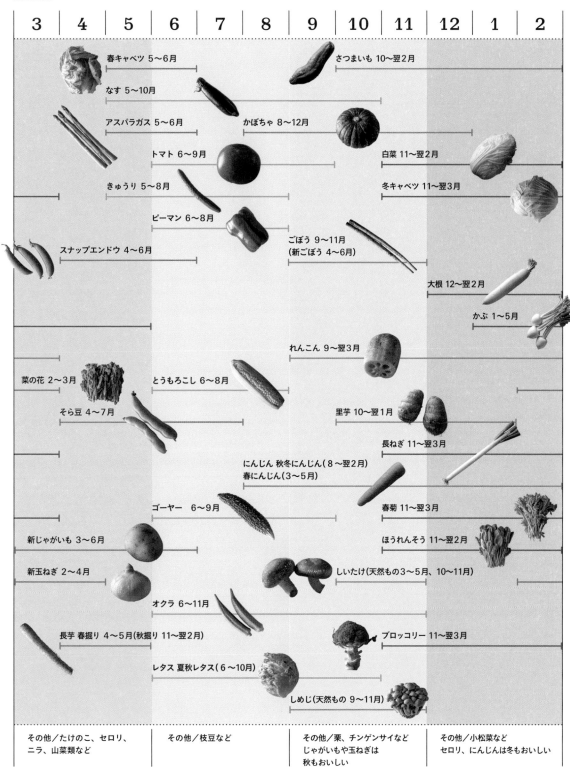

春キャベツ 5〜6月

さつまいも 10〜翌2月

なす 5〜10月

アスパラガス 5〜6月

かぼちゃ 8〜12月

トマト 6〜9月

白菜 11〜翌2月

きゅうり 5〜8月

冬キャベツ 11〜翌3月

ピーマン 6〜8月

ごぼう 9〜11月
（新ごぼう 4〜6月）

スナップエンドウ 4〜6月

大根 12〜翌2月

かぶ 1〜5月

れんこん 9〜翌3月

菜の花 2〜3月

とうもろこし 6〜8月

そら豆 4〜7月

里芋 10〜翌1月

長ねぎ 11〜翌3月

にんじん 秋冬にんじん（8〜翌2月）
春にんじん（3〜5月）

ゴーヤー 6〜9月

春菊 11〜翌3月

新じゃがいも 3〜6月

ほうれんそう 11〜翌2月

新玉ねぎ 2〜4月

しいたけ（天然もの3〜5月、10〜11月）

オクラ 6〜11月

長芋 春掘り 4〜5月（秋掘り 11〜翌2月）

ブロッコリー 11〜翌3月

レタス 夏秋レタス（6〜10月）

しめじ（天然もの 9〜11月）

その他／たけのこ、セロリ、
ニラ、山菜類など

その他／枝豆など

その他／栗、チンゲンサイなど
じゃがいもや玉ねぎは
秋もおいしい

その他／小松菜など
セロリ、にんじんは冬もおいしい

青髪のテツ流
野菜のおいしい保存術

野菜の住所は
それぞれ違います。
冷蔵庫の
ココに入れてね

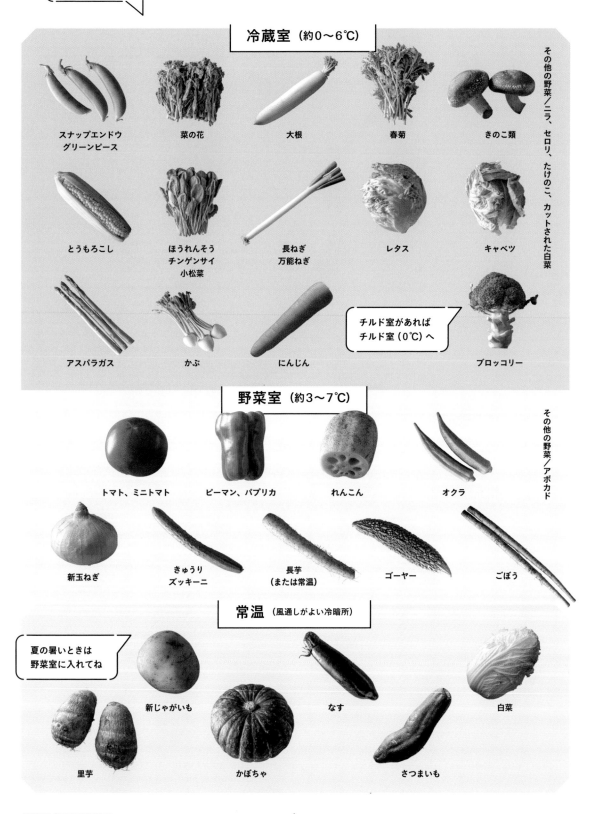

野菜にはそれぞれ冷蔵庫に定位置があるのをご存知ですか？
快適な温度で野菜を守ってあげましょう。
私が発信しているSNSの情報の中でも反響が大きく
本書で繰り返し提唱している「ちょっとした保存術」をまとめました。おいしさが変わります！

目からウロコの保存術！

お願い

キャベツ、レタス、白菜は……
成長点を壊して保存してください！

なんとこれらの野菜は収穫後も成長を続けています。成長のために栄養や水分を消費することで、傷みやすくなってしまうのです。成長点は芯の奥にあり、フォークや爪楊枝でグサグサ刺すと成長を止めて長持ちさせることができます。

お願い

冷凍保存した野菜は解凍せずに
料理に使ってください

冷凍した野菜は大抵の場合、解凍せずにそのまま味噌汁や炒め物、煮物などに入れて加熱調理をしてください。解凍しないと使えないと思っている人が案外多いですが、中途半端に解凍すると食感が悪くなります。冷凍の仕方はそれぞれのページで解説しています。

お願い

シワシワ野菜を諦めないで！
蘇らせることができます

シワシワになったにんじん、しなしなのほうれんそう、ふにゃふにゃの大根は、諦めて捨てないでください。ピンとした野菜に復活させることができます。それぞれのページで、水につけたり、お湯につけたりする裏技をご紹介しています！

お願い

なるべく
捨てないでください！

皮、種、茎、根、なるべく捨てないでください。栄養あります、おいしいです。それぞれのページで解説していますので、調理に役立ててください。品数が1品増えたり、節約にも。もしや一番栄養があるところを捨てていたかも？　これで野菜名人になれるはず！

鳥羽周作のおいしい野菜料理ルール

旬のものはよりシンプルに！

≫ 焦げを恐れず焼きつけろ！

シンプルに味わうレシピは、グリルして塩をするだけのごくシンプルな調理法でおすすめすることが多いです。これがいちばん野菜のおいしさを引き出してくれるから。そのぶん焼き方が難関。焦げを恐れるゆえにうまみが引き出しきれていない場合が多々あるよう。じっくりじっくり、ちょっと強く焼き色がついてしまったかな？　くらいがベスト。

≫ 苦みのある野菜は多めの油で

野菜にとって油との相性は、ときに運命を分けるほどのかけがえのないもの。本書ではシンプルにフリットや天ぷらで野菜を食べることもたびたびおすすめしています。特に苦みのある野菜（菜の花、ゴーヤー、トレビス、山菜など）は多めの油で調理してあげるとおいしさが倍増するという方程式をお忘れなく。栄養の吸収率がアップするものも。

≫ 食感を残してゆでる

旬のピシッとした鮮度の良い野菜は、シンプルにゆでる調理もおすすめします。このとき、せっかくの元気な野菜をクタクタにゆですぎないこと。アスパラガス、スナップエンドウ、オクラ、ブロッコリーなどはその食感も大切に、ゆで加減に注意しましょう。ゆですぎると食感を失うだけでなく、栄養が多く溶け出してしまうものもあります。

ズバリ！　野菜料理をおいしくする調理ポイントを鳥羽周作が教えます！
コツを身につけると野菜ひとつでもごちそうが作れるはず。
各レシピに散りばめられたポイントを
頭に入れて実践してみましょう。

うまみを引き出す調理法を

》基本は塩加減

どんな野菜にも塩は欠かせない存在。塩もみして
水分を出したり、塩ゆでしてうまみや色を引き出
したり、アク抜き、下味、調味、保存にも使われ
ます。だからこそ塩加減はとても重要。気をつけ
てレシピを考えたので、作るときも自分の好みや
野菜にとってふさわしい塩加減にちょっと気をつ
けてみてください。

》丸ごと食べられる調理は尊い

皮や種、野菜の先端も、うまみたっぷり栄養もた
っぷり。テツさんも提唱しています。スープ、グ
リル、煮物など、調理によっては丸ごと食べられ
る調理法もご紹介しています。野菜の栄養やおい
しさを丸ごと食べられるうえ、調理も楽ちんとい
う一石二鳥。サステナブルな料理っていいでしょ
う？

》パスタが野菜調理に向いているワケ

僕の野菜料理では、パスタをたくさんご紹介
しています。これは、パスタが野菜調理の理
にかなっているから。今回のパスタはワンパ
ン、ワンボウルでできるものがたくさん。こ
れは本当に野菜を簡単に食べてほしいという
僕の思いから。野菜のうまみをたーっぷり引
き出して、それをめんに吸わせて、汁ごと食
べてほしい！　お肉顔負けのうまみが出るん
です、野菜って。すごいでしょ。コスパもい
いし、体にいいし、1皿で済むし、子どもも
大人も大好き。みんながハッピーになれる野
菜料理ですね。

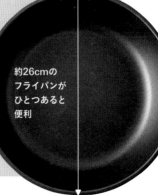

約26cmの
フライパンが
ひとつあると
便利

この本の見方

青髪のテツの
野菜まとめノート

それぞれの野菜の選び方・保存法・豆知識・栄養などについて解説しています。目からウロコの野菜情報が満載！

SPRING　024 | 025

シンプルに味わうレシピ

旬で、採れたて、いちばんコンディションのいい野菜が手に入ったら、まずはシンプルに、野菜そのものの味を味わいましょう。その野菜の持つ味を生かせるシンプル調理をご紹介します。

sioオリジナルレシピ

通年出回っていたり、年中おいしく食べられるのが、最近の野菜のすごいところ！　鳥羽周作ならではのレシピをご紹介します。未公開レシピから、sioが誇るパスタレシピまで充実のラインナップ。特に、野菜のうまみをたっぷり吸わせたパスタは必見。

鳥羽周作の
レシピ

この本のルール

●材料は基本的に、野菜の使いきりやパスタ、うどんなどに適した分量で表示しています。

●野菜類は、皮や根も食べることをおすすめしていますが、料理によっては除いている場合もあります。にんじんや大根、かぶ、その他根菜などは皮をむくかむかないかは、好みで判断してください。また、除いた皮などは他の料理に使うのもおすすめです。

●きのこは石づきをとってから調理しています。

●黒こしょうは粗びき黒こしょうを使用していますが、好みのものを使ってください。

●顆粒だしの素は、昆布とかつお節中心の和風だし（市販品でOK）です。顆粒コンソメは、コンソメ、ブイヨンなどの好みのものをお使いください。鶏ガラスープの素は顆粒タイプです。

●「油」は米油、太白ごま油、サラダ油、なたね油など好みの油を使用してください。

●作り方の火加減は、特に表記のない場合、中火で調理してください。

●小さじ1は5ml、大さじ1は15ml、1カップは200mlです。ただし米の1カップは180mlです。

●電子レンジの加熱時間は、特に表記のない場合、600Wのものを使用したときの目安です。500Wなら加熱時間を約1.2倍にしてください。なお、機種によって多少異なることもありますので、様子を見ながら加減してください。

●フライパンはフッ素樹脂加工のものを使用することをおすすめしています。

●それぞれのレシピには、保存法と保存期間を示しています。この保存期間は目安であり、野菜の状態により異なりますのでご注意ください。

●野菜の「旬」はあくまで目安です。その年の気候や産地によって異なりますので見極めて選んでください。

SPRING

春野菜

春になると「春キャベツ」「新玉ねぎ」「新じゃがいも」から、
「タラの芽」「ふきのとう」などの山菜まで
この時期しか食べることのできない柔らかさと
みずみずしさが売りの野菜が多く出回ります。
ご家庭で使いやすい、春においしい野菜を集めて、
野菜の保存法や豆知識、とっておきのレシピをお教えします。

001 春キャベツ

春キャベツは軽いものが柔らかくて食感が良い

◎選び方

ハリとツヤがある……………………………

全体的に鮮やかな緑色……………………
→黄色く変色していない

外葉がついている…………………………
→しおれていない

カットされたものの場合
・芯が育ちすぎていない
・断面が黒ずんでいない
・断面は黄色が◎→緑色はカットされてから時間が経っている
・断面が平らなものが◎→盛り上がっているものは成長してしまっている
・葉が詰まりすぎていないこと→食感を重視するなら詰まりすぎていないものを選ぶ。詰まっているものは糖度が高い傾向にあるので、用途によって選んで

軽いものを選ぶ
軽くて巻きが緩いものの方が、春キャベツらしい柔らかい食感を楽しめるのでおすすめ。育ちすぎているものは葉がかたくなる傾向があるので、とくにサラダにする場合は軽いものを選ぶ。ただし、農家さんいわく春キャベツも冬キャベツも、葉が詰まって重い方が糖度が高い傾向にあるそう。加熱調理をする場合は重いものを選ぶと良い。

裏側の5本の筋が均等
五芒星のような裏側の筋は光合成を効率よくするための形。隣の葉の陰にならないように常に斜め向かいから葉が生える。いびつな形でないものほど生育時にストレスがかかっていないからおいしいと言われている。

芯の切り口がみずみずしい
→乾燥したり黒ずんでいない

◎保存

♥冷蔵の場合
1_成長点を壊すか取り除く 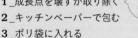 P9 参照
2_キッチンペーパーで包む
3_ポリ袋に入れる
4_冷蔵庫の冷蔵室で保存
保存期間は約2週間

♥冷凍の場合
1_食べやすい大きさにカット
2_よく水洗いして水けを拭き取る
3_冷凍用保存袋に入れる
4_冷凍庫に入れる
保存期間は約1ヵ月
料理に使うときは、凍ったまま炒め物や煮物に入れましょう。解凍してしまうと、水分が抜けて食感が悪くなってしまいます。冷凍した春キャベツは必ず凍ったまま加熱調理をしてくださいね。

◎豆知識

♥春キャベツと冬キャベツの違い

春キャベツと冬キャベツは収穫時期が異なるだけでなく、品種が違います。春キャベツは結球しにくい品種で水分が多く、柔らかいので生食のサラダや漬物に向きます。一方、冬キャベツは結球しやすく、春キャベツに比べるとかたさがあり、加熱調理に向きます。

♥芯の部分はミネラルが豊富
→カルシウム、カリウム、リン、マグネシウムなどのミネラル分が葉の約2倍含まれているので、刻んで食べて。

♥季節により栄養価が変わる
→糖度やビタミンCの含有量は冬〜春に出回るキャベツの方が高い傾向にあります。β-カロテンの含有量は一年中あまり変わりません。

♥キャベツは部位ごとに使い分ける
外葉は青臭さがありたいですが、焼きそばや炒め物にはシャキシャキ感が出て◎。ビタミンC含有量が一番多い部分なので、なるべく捨てないで。内葉はクセが少ないのでどんな料理にも使いやすく、外葉のような青臭さがないので煮物にも向きます。中心葉は甘みが強く柔らかいので、サラダなどの生食や、甘みを活かしてスープに入れても。

シンプルに味わう！

旬の柔らかい春キャベツは中心葉をぜひ生で。無限にいける！

◎無限キャベせん

✿材料（作りやすい分量）

春キャベツ…1/4個　　　塩昆布…大さじ1と1/2
ごま油…小さじ1　　　　塩…適量

✿作り方

1　キャベツはせん切りにする。
2　耐熱皿に入れてラップをして電子レンジ
（500W）で2分ほど加熱する。
3　ボウルに2、塩昆布、ごま油を入れてあえ、塩
で調味する。

> おいしい春キャベツが入ったら、必ずこれ作ります！
> しらすとアンチョビの塩みが甘ーいキャベツに絡んで最高す。

どんなキャベツも通年おいしく食べられる一品！
アンチョビとキャベツの相性は最高

春キャベツとしらすの
アンチョビバターパスタ

♥材料（1人分）
パスタ（1.7mm）…100g
キャベツ…15g（1/16個くらい）
しらす…大さじ5
アンチョビ…1切れ
にんにく…2片
バター…10g
鷹の爪（輪切り）…適量
パスタのゆで汁…40ml
ピュアオリーブオイル…大さじ1と1/4
エクストラバージンオリーブオイル…適量

♥作り方
1　にんにくは薄くスライスする（スライサーを使うとラク。芯はできれば取る）。キャベツは一口大に切る。
2　パスタをゆでる（湯に対して1％の塩を入れた湯で、8分10秒。いつもよりやや長め）。残り20秒のところでキャベツを入れて一緒にゆでる。
3　フライパンににんにく、ピュアオリーブオイルを入れ、中火にかけ、パチパチ音がしてきたら色がつきすぎないように注意しながら鷹の爪、アンチョビを加える。アンチョビは軽く焼いて生臭さをとり、火が通ったらヘラでつぶすようにして、なじませる。ゆで汁を加えて火を止める。
4　ゆであがった2の湯をきり、3のフライパンに加えて軽くあえる。
5　ボウルに4とバターを入れ、混ぜる。バターが溶けてきたらしらすを入れ、さっと混ぜ合わせて器に盛り、仕上げにエクストラバージンオリーブオイルをかける。

アンチョビはゴムベラを使ってつぶすようにすると、ソースになじませやすい。

アスパラガス

穂先がしっかりしているものを選んでください

◎選び方

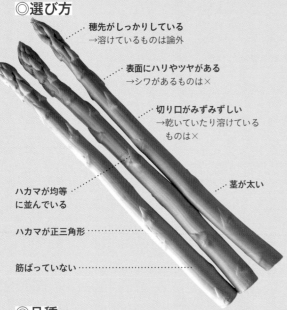

穂先がしっかりしている
→溶けているものは論外

表面にハリやツヤがある
→シワがあるものは×

切り口がみずみずしい
→乾いていたり溶けている
ものは×

茎が太い

ハカマが均等
に並んでいる

ハカマが正三角形

筋ばっていない

◎品種

❤白アスパラガス
→たっぷり土をかけて日光を遮断して作られたアスパラガス。白い。グリーンアスパラガスに比べると栄養価が低いものの、柔らかい歯ざわりと繊細な香りや味は魅力的。5〜6月に北海道産の露地ものが出回ります。

◎保存

❤冷蔵の場合
アスパラガスに限らず、野菜は育った状態に近い状態で保存するとストレスを感じにくく長持ちします。縦に伸びるアスパラガスは立てて保存を。
1_キッチンペーパーで包む
2_ポリ袋に入れる
3_冷蔵庫の冷蔵室で立てて保存
※容器に入れて、茎の切り口を少し水に浸しておけばもっと長持ち。
保存期間は約5日
❤冷凍の場合
1_根元を少しカットする
2_電子レンジで1分半加熱
3_水けを拭き取る
4_冷凍用保存袋に入れる
5_冷凍庫に入れる

保存期間は約1ヵ月

◎豆知識

❤ゆでるときはむいた皮も一緒に！ 香りよく仕上がります
❤栄養は春のアスパラガスが優秀
冬のアスパラガスに比べて春のアスパラガスは血流改善に効果的なルチンが7倍、アンチエイジング効果のあるβ-カロテンが3倍と言われています。
❤立てて保存する理由
アスパラガスは収穫後も生きているので、縦に伸びようとします。横にして保存すると、穂先が起き上がろうとするため、余分なエネルギーを消費し、傷みやすくなります。
❤かたい部分
切り口付近のかたい部分は、手で折りましょう。根元と中央を持つとかたい部分のみぽきっと折れます。その後、切り口側の皮を少しむきましょう。

シンプルに味わう！

新鮮なアスパラなら、シンプルに食べるのがやはり一番！

◎ゆでアスパラガス

❤材料（作りやすい分量）
アスパラガス…好みの量
塩、マヨネーズ…各適量
❤作り方
1　アスパラガスは茎のかたい部分（根元から4cmほど）を切り、下半分の皮をピーラーでむく。
2　沸騰した湯に塩、1を入れて2分半ゆでる。
3　冷水にくぐらせて器に盛り、マヨネーズを添える。

天ぷら粉を炭酸水と割ると、衝撃のサクッサク衣に

アスパラガスのフリット

炭酸水の力で、びっくりするくらい
カリカリふわふわな食感に。
春のみずみずしいアスパラの味をシ
ンプルに味わってください。

❤材料
（作りやすい分量）
アスパラガス…3本
天ぷら粉…150g
炭酸水…160ml
油、塩…各適量

❤作り方
1 アスパラガスは、長さを3等分に切る。
2 ボウルに天ぷら粉と炭酸水を入れて混ぜ合わ
せ、**1**にまんべんなくまとわせる。
3 フライパンに少し多めの油を入れて火にかけ、
100℃ほどになったら**2**を入れて揚げる。カリッ
と揚がったら油をきって器に盛り、塩を振る。

スナップエンドウ

旬は4〜6月

ビタミンKやβ-カロテンは油と摂ると吸収率UP

◎選び方

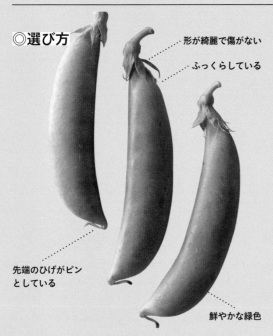

形が綺麗で傷がない

ふっくらしている

先端のひげがピンとしている

鮮やかな緑色

◎保存

基本的に買ってきたらすぐゆでる。生のまま保存するとみるみるうちに鮮度が落ちてしまいます。

❤冷蔵の場合
1_ヘタと筋をとる
2_1分塩ゆでする
3_冷水にくぐらせる
4_保存袋に入れる
5_冷蔵庫の冷蔵室で保存する
保存期間は3〜4日

❤冷凍の場合
1_ヘタと筋をとる
2_1分塩ゆでする
3_冷水にくぐらせて水分を拭き取る
4_冷凍用保存袋に入れる
5_冷凍庫に入れる
保存期間は約1ヵ月

冷凍したスナップエンドウを料理に使うときは、凍ったまま調理しましょう。また、5分ほど常温で解凍し、マヨネーズをつけて食べるのもおすすめです。

◎豆知識

❤グリーンピースとの違い
スナップエンドウはグリーンピースをさやごと食べられる

ように品種改良したもの。肉厚で甘みが強いのが特徴。

❤筋のとり方
1_ヘタの反対側を折ってヘタに向かって引っ張る
2_ヘタを折り反対側の筋も同じようにとる

❤タンパク質と組み合わせて食べる
スナップエンドウに含まれるビタミンCはタンパク質と一緒に食べることで、美肌効果が期待できます。

❤油で調理
スナップエンドウに含まれるビタミンKやβ-カロテンは脂溶性なので、油と一緒に食べることで吸収率がアップ。油で炒めるのがベストです。

❤汁も飲む
スナップエンドウに含まれるビタミンCや葉酸は水溶性なので、ゆでると水に溶け出してしまいます。スープや味噌汁に入れて汁ごと摂取しましょう。

シンプルに味わう!

みずみずしいスナップエンドウはゆで加減が命!

◎スナップエンドウの塩ゆで

❤材料（作りやすい分量）
スナップエンドウ…適量
塩…適量

❤作り方
1　スナップエンドウは筋をとる。
2　沸騰した湯に塩、1を入れて2分半ほどゆで、冷水にくぐらせ水けをきる。
3　器に盛り、塩を添える。

これはやばい。めちゃくちゃ簡単な
のにとんでもなくうまい。
スナップエンドウが好きになります、
間違いなく。

やっぱりマヨネーズとの相性が最強。ツナでさらにうまみプラス！

スナップエンドウの
ツナマヨあえ

❤材料（作りやすい分量）
スナップエンドウ…1パック
マヨネーズ…大さじ2と1/2
ツナ缶…1缶
塩、黒こしょう…各適量

❤作り方
1 スナップエンドウは筋をとらず半分に切り、
2分半塩ゆでし、氷水にくぐらせ、水けをきる。
2 ボウルにマヨネーズ、油をきったツナ、1を
入れてあえ、黒こしょうを振る。

004

菜の花

短い旬を逃さないで！ 花が咲いていないものを

◎選び方

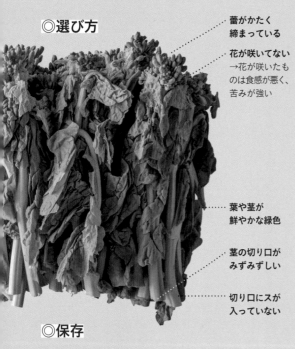

- 蕾がかたく締まっている
- 花が咲いてない
  →花が咲いたものは食感が悪く、苦みが強い
- 葉や茎が鮮やかな緑色
- 茎の切り口がみずみずしい
- 切り口にスが入っていない

◎保存

❏**冷蔵の場合**
1_ペーパーで包む
2_ポリ袋に入れる
3_冷蔵庫の冷蔵室で保存
保存期間は約5日
→香りを楽しむ野菜なので早めに食べて

❏**冷凍の場合**
1_よく洗って水気をきる
2_根元を切り落とし、小分けしてラップで包む
3_冷凍庫に入れる
保存期間は約1ヵ月

◎豆知識

❏茎がかたいので葉先と切り分けてゆで時間を調整する
❏**茎が育っているもの**
1_先に茎を60秒ゆでる
2_蕾を加えて30秒ゆでる
3_冷水にとって冷ます
❏**茎が5～8cmの短いもの**
1_すべて鍋に入れ30秒ゆでる
2_冷水にとって冷ます
❏**旬はとても短い**
お店に流通するのは2月中旬～3月と、出回る期間はとて

も短いです。3月の下旬頃になると、全体的にかたくなってくるので、おいしく食べられる期間はおよそ1ヵ月くらいしかありません。

◎栄養

❏免疫力を高めるビタミンCの含有量はトップクラス
❏抗酸化力の高いβ-カロテンとビタミンE、カルシウムや食物繊維も含む

シンプルに味わう！

菜の花のほんのりした苦みを生かす調理。焦げを恐れず！

◎菜の花の焦がしソテー

❏**材料（作りやすい分量）**
菜の花…1束
オリーブオイル、塩…各適量
❏**作り方**
1 菜の花をフライパンに入れて、強火で焼き色がつくまで触らずに焼く。返して両面を焼く。
2 食べやすい長さに切って器に盛り、オリーブオイルと塩を振る。焼いてから切ることで、菜の花自体の水分を逃がさず、ジューシーな仕上がりに。

> ザ・春のパスタ。菜の花にはしっかりと焼き色をつけるのがポイントです。トマトソース極めたい人はプッタネスカ、挑戦して。飛びます。

プッタネスカとはアンチョビやオリーブ、ケッパーの複雑さが抜群のナポリのトマトパスタ

菜の花とホタルイカのプッタネスカ

❤材料（1人分）

パスタ（1.7mm）…100g

塩…適量

菜の花…6本

ホタルイカ（目とくちばし、軟骨をピンセットなどで取り除く）…100g程度

ゆで汁…70ml　塩…適量

にんにくのみじん切り…小さじ1

アンチョビ…1切れ

オリーブオイル…適量

A｜ケッパー…大さじ2
　｜オリーブの粗みじん切り…大さじ1
　｜トマトソース（市販品またはP41参照）…70ml

B｜エクストラバージンオリーブオイル、
　｜パルミジャーノ・レッジャーノのすりおろし
　｜…各適量
　｜お好みのミックスハーブ（ディル、セルフィーユ、
　｜イタリアンパセリなどを刻んで混ぜたもの）…適量

❤作り方

1　鍋に湯を沸かし、塩（湯3ℓにたいして塩60g）を入れ、パスタを袋の表示時間より1分短くゆで、ざるに上げて湯をきる。パスタのゆで汁は少し（70ml）とっておく。菜の花は根元を切り落とす。

2　フライパンを強火で30秒ほど熱し、オリーブオイル大さじ1を入れてなじませる。底面全体からしっかりと煙が出てきたら、菜の花を入れて2分ほど加熱し、焼き色をつける。返して30秒ほど焼き、とり出して食べやすい大きさに切る。

3　同じフライパンを引き続き強火で熱し、オリーブオイル大さじ1を足してホタルイカを入れ、3分ほど焼き、塩少々を振って返し、30秒ほど焼く。フライパンの奥へ寄せ、手前にオリーブオイル大さじ1と1/2を足してにんにく、アンチョビを入れ、ゴムベラでアンチョビをほぐすように炒める。

4　1のゆで汁とAを加え、フライパンを揺すりながら全体をなじませる。ゆであがったパスタを加え、強火のまま混ぜながら1分ほど加熱する。

5　2の菜の花を戻し入れ、ひと混ぜしたら器に盛り、Bをかける。

そら豆

鮮度が落ちやすい！ すぐ使うか、ゆでて冷凍を

◎選び方

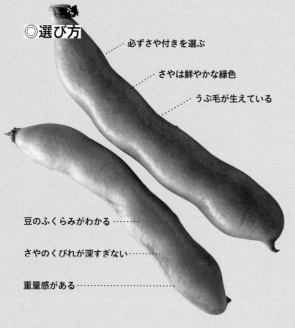

必ずさや付きを選ぶ

さやは鮮やかな緑色

うぶ毛が生えている

豆のふくらみがわかる

さやのくびれが深すぎない

重量感がある

◎保存

そら豆は生のまま保存は絶対にNG。すぐ鮮度が落ちて食味が悪くなります。すぐ使うか、冷凍保存がおすすめ。

♥冷凍の場合

1_さやから豆を取り出す

2_豆の薄皮に少し切り込みを入れる

3_2分ゆでて冷水で冷まし、水けをとる

4_冷凍用保存袋に入れる

5_冷凍庫に入れる

保存期間は約1ヵ月

◎豆知識

♥さやごと焼いてもうまい

そら豆を水洗いした後、少し焦げ目がつくまで両面焼く。ゆでるのと違って水っぽくならないので、ほくほくした食感に。

♥名前の由来

空に向かってさやが伸びる姿から、そら豆と呼ばれるようになったそう。

♥さやから出すのは調理の直前がベスト

そら豆は調理直前までさやから出してはいけません。さやから出すと水分が蒸散し、すぐにかたくなるので、調理直前にさやから出しましょう。

♥そらまめの薄皮

そら豆の薄皮には食物繊維が豊富に含まれています。皮ごとつぶしてポタージュにすると効率よく栄養を摂取できます。

♥水溶性のビタミンが豊富に含まれる

ビタミンCやビタミンB$_1$、B$_2$などの水溶性ビタミンを豊富に含むので、焼くか、揚げるか、蒸すと栄養素をムダなく摂取できます。ゆでる場合も、ゆで時間が長くなりすぎないようにしましょう。長くなるとその分栄養が溶け出します。私は2分でかために茹でるのをおすすめしています。

シンプルに味わう！

ホクホクの食感と塩け、にんにくの風味がやみつきに

◎ペペロンそら豆

♥材料（作りやすい分量）

そら豆…8〜10粒

にんにくの薄切り…1片分

鷹の爪…1本

オリーブオイル…大さじ1

塩、黒こしょう…各適量

♥作り方

1　そら豆はさやから出して薄皮をむく。

2　フライパンにオリーブオイル、にんにく、鷹の爪を入れて弱火で熱し、オイルに香りを移す。にんにくが色づく前にそら豆を加えて強めの中火で炒め、塩を振って調味する。

3　器に盛り、黒こしょうを振る。

ここ何年か、そら豆はスペイン風オムレツにするのが、僕のお気に入り。大人になってますます好きになった食材のひとつ。

イタリアではフリッタータ。世界各地で愛されるオムレツにそら豆を閉じ込めて

そら豆のフリッタータ（スペイン風オムレツ）

❤材料（1個分）
そら豆…20粒
玉ねぎ…1/4個
卵…3個
塩…適量
生クリーム…20ml
スライスチーズ…2枚
オリーブオイル…適量

❤作り方
1 そら豆はさやから出して薄皮に浅く切り込みを入れ、2〜3分塩ゆでし、冷水にとって薄皮をむく。玉ねぎは繊維に沿って薄めのくし形に切る。
2 ボウルに卵を溶きほぐし、塩ひとつまみ、生クリームを入れ、チーズをちぎって加え、混ぜる。
3 フライパンにオリーブオイルを熱し、1を中火で玉ねぎがしんなりするまで炒める。2を流し入れ、全体が固まってきたら弱火にし、蓋をして3〜4分蒸し焼きにする。皿などを使ってひっくり返し、弱火でさらに3分ほど焼く。

ひっくり返すときは、フライパンの蓋や、平たい大皿を使うと失敗なくラクラク。

新じゃがいも

新じゃがは皮ごと食べるとおいしくて栄養も◎

◎選び方

・・・ 芽が出ていない

・・・ 緑色に変色していない
→変色した部分にはソラニンやチャコニンという天然毒素があるので食べてはいけない。食味も落ちる。

・・・ 皮にハリがありシワがない

・・・ しっかりとしたかたさがある

・・・ 重量感がある
→軽いものは乾燥して水分が失われている証拠なので重いものの方が鮮度が良い。また中が空洞化して軽くなっている場合もあるので、軽いものは避ける

◎保存

❤常温の場合
1 _紙袋に入れる
2 _湿気の少ない冷暗所で保存
保存期間は2〜3ヵ月

❤冷凍の場合
細切りにして冷凍
1 _よく洗って皮をむく
2 _細切りにする
3 _冷凍用保存袋に入れる
4 _冷凍庫に入れる
そのまま揚げてフライドポテトに、また、少しつぶしてハッシュドポテトなどに。チーズをかけて焼いてもおいしい。
マッシュポテトにして冷凍
1 _よく洗って皮をむく
2 _箸が通るまでゆでてつぶす
3 _冷凍用保存袋に入れる
4 _冷凍庫に入れる
温めた牛乳でのばしてポタージュに。ポテサラにしても。
保存期間は約1ヵ月

◎豆知識

❤新じゃがと普通のじゃがいもの違い
新じゃがというのは品種ではありません。多くのじゃがいもは収穫後貯蔵し、熟成させてから出荷されますが、新じゃがは収穫後すぐに出荷されます。新じゃがは小ぶりで、みずみずしいというのが特徴。皮が薄いので皮ごと揚げたり、じゃがバターにして皮も一緒に食べるのがおすすめです。

❤新じゃがの特徴
水分が多い・柔らかい・緑化しやすい（そのぶん傷みが早い）・でんぷん量は通常のじゃがいもの方が多い・皮が薄い（皮ごと食べる料理に向く）。

❤ビタミンCが豊富
ビタミンCなどが豊富に含まれています。栄養の多くは皮と実の間に含まれており、新じゃがは皮が薄いので、皮ごと食べることで無駄なく栄養を摂取できます。また、じゃがいものビタミンCはでんぷん質に守られており、加熱しても壊れにくいという特徴があります。

シンプルに味わう！

新生じゃがバター！アンチョビをのせるとリッチ感倍増

◎じゃがバター

❤材料（1人分）
新じゃがいも…1個　バター（食塩不使用）…10g
塩…ふたつまみ　アンチョビ…2切れ

❤作り方
1 じゃがいもはよく洗い、軽く水けをきって皮つきのままラップで包み、電子レンジで竹串がスッと通るまで6分ほど加熱する。
2 器に盛り、塩を振って十字に切り込みを入れ、バターとアンチョビをのせる。

> ゆでて、切って、ハーブの入った油で揚げて、塩とコンソメで味つけ。これがいちばんうまい！
> 今日はビール開けちゃってください。

外はカリッカリ！ 中はホクホクの愛されフライドポテト

コンソメフライドポテト

❤材料（作りやすい分量）

新じゃがいも…2個
にんにく…4片
好みのハーブ…25g
　　（写真はローズマリー、バジル、
　　タイム、セルフィーユを使用）
顆粒コンソメ…3g
バター（食塩不使用）…8g
揚げ油、塩…各適量

❤作り方

1　じゃがいもを丸ごと1％の塩水で15分ほどゆでる（串がスッと通るくらい）。

2　ゆで上がったら取り出し、粗熱がとれたら、乱切りにし、常温の油に入れて火にかける。

3　油が熱くなったらハーブ、にんにくを一緒に入れ、じゃがいもがカリッとするまで揚げる。

4　3の油をよくきり、ボウルに移す（ハーブとにんにくも一緒に）。

5　バターを加え、完全に溶けるまで全体に混ぜ合わせ、コンソメ、塩で味をととのえる。

ポテトをカリカリにするには、コールドスタートでじっくりと揚げていく。

新玉ねぎ

鮮度劣化に注意！ 玉ねぎとは扱いを変えましょう

◎選び方

頭の部分が柔らかくない
→頭から傷んで柔らかくなる

ずっしり重量感がある
→重いものほど水分が
多く新鮮

皮に湿り気がない
→ぶよぶよしているも
のは傷みかけている

◎保存

❤冷蔵保存
1_キッチンペーパーで包む
2_ポリ袋に入れる
3_冷蔵庫の野菜室に入れる
保存期間は約3日

❤冷凍の場合
1_皮をむいて水洗いする
2_使いやすい大きさに切って小分けにして冷凍用保存袋へ
3_冷凍庫に入れる
保存期間は約1ヵ月
料理に使うときは、凍ったまま炒め物やスープに入れましょう。解凍してしまうと、水分が抜けて食感が悪くなってしまいます。

◎豆知識

❤玉ねぎと新玉ねぎの違い（農林水産省HPより引用改変）
通常の玉ねぎは収穫後1ヵ月ほど乾燥させて出荷することで、日持ちが良くなります。新玉ねぎの場合は、乾燥させず、収穫後すぐに出荷するのでみずみずしく肉質が柔らかく、辛みが少ないという特徴があります。栄養成分に違いはありません。

❤新玉ねぎおすすめの食べ方
みずみずしく、肉質が柔らかく、辛みが少ない新玉ねぎは

生食のサラダに向きます。また、豚肉と合わせると◎。新玉ねぎに豊富に含まれるアリシンは、豚肉に豊富なビタミンB$_1$の吸収を促進し、その働きを高める効果があります。

❤新玉ねぎの保存性
玉ねぎは常温でも冷暗所なら1ヵ月程度は持ちますが、新玉ねぎは常温保存するとすぐにカビが生えてきます。ポリ袋に入れて冷蔵庫の野菜室に入れると安心です。それでもあまり長持ちしないので、なるべく2〜3日で食べきるようにしましょう。

◎栄養

❤アリシン
血液をサラサラにして、血栓、動脈硬化、脳卒中、狭心症の予防に効くといわれています。

シンプルに味わう！

新玉ねぎの甘みを感じるなら生で。箸休めがとまらない

◎新玉ねぎのサラダ

❤材料（作りやすい分量）
新玉ねぎ…1/2個

A	ポン酢、ごま油…各小さじ1
	塩昆布…大さじ1

かつお節…適量

❤作り方
1　新玉ねぎは薄切りにし、30分ほど水にさらす。
2　ペーパーで水けをよくきりボウルに入れ、Aとあえる。
3　器に盛り、かつお節をかける。

全員が好きなやつ。甘い新玉ねぎは
サクサクの天ぷらにしてごはんの上
へ。何杯食べても足りないのでお米
は多めに用意しましょう。

肉や魚介がほしいとは言わせない、うまみ、満足感あふれる極上天丼

新玉天丼

◗材料（2人分）

新玉ねぎ…1/2個
ちくわ…2本
天ぷら粉…100g
水…150ml
揚げ油…適量
A｜めんつゆ…大さじ2
　｜水…40ml
　｜しょうゆ…小さじ1
　｜砂糖…大さじ2
あたたかいごはん…適量

◗作り方

1　天ぷら粉に水150mlを加えて混ぜ、衣を作る。
玉ねぎはくし切りにし、ちくわは斜め切りにする。

2　玉ねぎとちくわに**1**の衣をつけ、180℃の油
で揚げる。両面1分ずつ揚げたら、油をきってご
はんにのせる。

3　小鍋に**A**を混ぜ合わせて火にかけ、天丼のた
れを作って**2**にまんべんなくかける。好みで万能
ねぎの小口切り（分量外）を振る。

長芋

ひげ根が多くてずっしり重いとみずみずしい

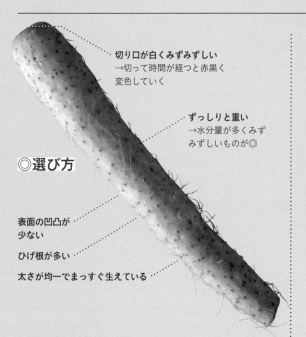

切り口が白くみずみずしい
→切って時間が経つと赤黒く
変色していく

ずっしりと重い
→水分量が多くみず
みずしいものが◎

◎選び方

表面の凹凸が
少ない

ひげ根が多い

太さが均一でまっすぐ生えている

長芋は春掘りのものと、秋掘りのものがあり、春掘りは冬の間、熟成されているので旨みや甘みが濃く粘りけも強くなるんです。一方で秋掘りの長芋はアクが少なく、みずみずしくジューシーでさっぱりとした味が特徴です。
春掘りの長芋はすりおろして食べるのがおすすめで、秋掘りの長芋は揚げたり、焼いたり、漬物にするのがおすすめ。

◎保存

❥まるごと常温保存の場合
1_新聞紙で包む
2_常温の冷暗所で保存
保存期間は2〜3週間
❥カットされたものを冷蔵する場合
1_ラップで巻く
2_冷蔵庫の野菜室で保存
❥冷凍の場合
1_すりおろす
2_冷凍用保存袋に入れる
3_冷凍庫に入れる
保存期間は約1ヵ月

◎豆知識

❥生食のときは繊維に沿って縦切りにすると、シャキシャキとした食感を楽しむことができる
❥揚げたり、焼いたりするときは繊維を断つように輪切り

にすると、甘みが引き立ち、ホクホクとした食感に
❥収穫からおよそ2週間でアクが出始める
長芋は収穫から2週間経つとアクが出始めるといわれています。お店に並んでいる長芋は、収穫から数日経過しているので、できるだけ早めに使いきるようにしましょう。
❥ピンク色に変色するのを防ぐために
皮をむくとポリフェノールが酸化し、すぐにピンク色に。酢水に浸けると変色を遅らせることができます。

◎栄養

❥粘りけ成分
→細胞の増殖を促進、目や鼻の粘膜、胃壁を保護するので食べすぎ、飲みすぎ、胃が荒れているときにおすすめ。
❥ジオスゲニン
→低減したホルモンを回復させる効果があり、筋トレの効果を高めたり、更年期症状の改善が期待できます。

シンプルに味わう！

新鮮な長芋はすりおろしたてでぜひ味わって

◎とろろ卵かけごはん

❥材料（1人分）
あたたかいごはん…茶碗1杯分　卵…1個
長芋のすりおろし…50g　めんつゆ…小さじ1
白いりごま、万能ねぎの小口切り…各適量
❥作り方
1　卵は卵黄と卵白に分ける。卵白はふんわりと気泡ができるまで2〜3分混ぜ、長芋とめんつゆを加えて混ぜる。
2　ごはんに1、卵黄、ねぎ、白いりごまをかける。

シンプルにうまい。
さくさく、ほくほくの長芋の食感が
やみつきになります!
じっくりじっくり、焦らず焼いて。

じっくり焼くとここまでホクホク、ここまで味がしみておいしい!

長芋の照り焼き

❤️材料(2人分)
長芋…1/3本
サラダ油…適量
水…50ml
A | しょうゆ、みりん…各大さじ3
　 | 砂糖…大さじ3と1/3
　 | にんにくのすりおろし…小さじ1/2
　 | しょうがのすりおろし…小さじ1/2

❤️作り方
1 長芋は皮をむき、1cm厚さの輪切りにする。
2 フライパンにサラダ油を中火で熱し、長芋を並べ、返しながらじっくりと火を通す。混ぜ合わせたAを加え、両面を返しながら煮からめる。

SUMMER

P036-053

夏野菜

夏は「トマト」「ピーマン」「なす」「きゅうり」など
実をつける野菜が旬を迎え、多く流通します。
また、生の「とうもろこし」や「枝豆」は
この時期しか楽しむことができない夏のごちそう。
暑い夏を乗りきるために従来から人々に愛されてきた
夏野菜を、鳥羽周作のとっておきレシピでお楽しみください。

009

なす

なすはそのまま冷蔵庫に入れないでください

◎選び方

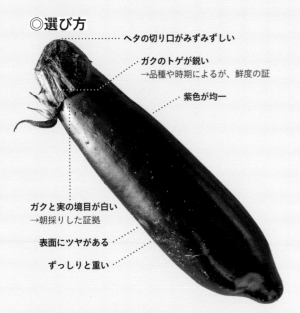

ヘタの切り口がみずみずしい

ガクのトゲが鋭い
→品種や時期によるが、鮮度の証

紫色が均一

ガクと実の境目が白い
→朝採りした証拠

表面にツヤがある

ずっしりと重い

ガクとその付近を重点的に見ます。なすはガクにカビが生えやすく、ガク付近の実も傷みやすいからチェックして。

◎保存

高温多湿を好むなすは、低温と乾燥を嫌います。冷蔵庫に入れると低温障害を起こして種が黒くなり、傷みやすくなるので、空気に触れないようキッチンペーパーに包み、常温で保存。2〜3日で食べきることが好ましいです。

❥常温の場合

1_キッチンペーパーで包んで保存袋に入れる

2_常温の冷暗所で保存

保存期間は2〜3日。なるべく早く使いきりましょう。

❥冷蔵の場合

1_キッチンペーパーで包んで保存袋に入れる

2_冷蔵庫の野菜室に入れる

保存期間は約1週間

❥冷凍の場合

1_水洗いする

2_ヘタを取って食べやすく切る

3_レンジで2分半加熱（2本分の目安）

4_冷凍用保存袋に入れる

5_冷凍庫に入れる

保存期間は約1ヵ月。なるべく早めに使いましょう。使うときは、凍ったまま炒めものにしたり、汁物に入れて。

◎豆知識

❥黒い斑点は食べられる

新鮮ななすの切り口は白く、種は目立たないのですが、鮮度が落ちてきたり、低温障害を起こすと種が黒く変色し、斑点ができているように見えます。これは腐っているわけではないので食べることができます。

❥水分が多い野菜

なすは90％以上が水分。調理する際は、なすの水分量を加味して味付けや下処理をするとおいしく仕上がります。炒め物にするなら調理の前に塩を振って水分を出しておくと、水っぽくなりません。煮物にするときは、なすから水分が出るので煮汁を少なめに。漬物にすると塩の作用で水分が出るので味が染み込みやすくなります。

❥ナスニン

皮に含まれる色素成分のナスニンは水溶性。長く水に浸けていると流出してしまうので、アク抜きはほどほどに。

❥冷蔵庫に入れると低温障害を起こす

インド原産で寒さに弱い野菜。冷蔵庫に入れると低温障害を起こし、果肉が茶色くふやけたようになる場合があります。こうなると歯応えが悪く、苦みも出るので、変色した部分は取り除いて食べるようにしましょう。ベストは冷蔵庫に入れず、常温保存で早めに食べきること。冷蔵庫に入れる場合も、温度帯の低い冷蔵室ではなく、野菜室で保存して。

❥水なすは生食が可能

水なすはアクが少ないので生食でもおいしく食べられます。サラダや「山形のダシ」(P51) などにおすすめ。

❥アクの正体はクロロゲン酸

なすのアクの正体はポリフェノールの一種クロロゲン酸で、えぐみがあります。抗酸化作用があり、美肌効果や老化予防効果があるので抜きすぎないようにして。

◎栄養

なすは成分の90％以上を水分が占め、エネルギーは100gあたり18kcalと低カロリーな野菜です。

❥ナスニン（ポリフェノール）

抗酸化作用が強く、活性酸素などの有害物質を無害に変える作用があり、動脈硬化など生活習慣病の予防や老化予防の効果が期待できます。

シンプルに味わう！

口に含むとジュワッとだしがあふれる
冷やすと暑い日に体に沁みる一品

◎なすのだし浸し

♥材料（2人分）

なす…2本

A 水…400ml
　　白だし、みりん…各大さじ1と1/3
　　薄口しょうゆ…小さじ1
　　めんつゆ（3倍濃縮）…小さじ1

しょうがのすりおろし…少々
大葉のせん切り…1枚分
みょうがの小口切り…1個分

♥作り方

1　Aを鍋に入れて火にかける。沸騰したら火から下ろして冷ます。

2　なすはヘタを切り落とさないように、ヘタの根本部分を包丁でぐるりと一周し、ガクの長い部分だけをとる。縦に6〜8ヶ所、切り込みを入れる。

3　2を焼き網（または魚焼きグリルでも可）にのせ、ときどき返しながら全体に焦げ目がつくまで焼く。

4　3をまな板に移して皮をむく（骨抜きを使うとラク）。1に浸して1晩〜1日おく。

5　器に盛り、1をかけてみょうが、しょうが、大葉を添える。

なすは皮の表面が真っ黒になるまで焼いてOK。

△

> ベニエはフランス版の天ぷらみたいなイメージす。1回マネしてください。なすの概念変わります。僕が海外でおぼえた、衝撃のレシピ。

ベニエとはフランスの天ぷら
一口食べると衝撃の新食感!

なすのベニエ

❤材料 (作りやすい分量)

なす…2本
牛乳…150ml
薄力粉、揚げ油、塩…各適量
A │ 薄力粉…100g
　 │ ドライイースト…10g
　 │ ビール…135ml

❤作り方

1　ボウルに**A**を入れて混ぜ、ラップをして30分ほど暖かいところに置き発酵させる。
2　なすはヘタを落とし、皮をむいて縦に4等分に切り、フォークで全体に穴をあける。
3　ボウルに牛乳と**2**を入れ、落としラップをし、30分漬け込む。
4　なすを取り出し、ペーパーで水けをとる。薄力粉を薄くまぶし、**1**の生地をくぐらせ、180℃の油で揚げる。油の中でコロコロと転がし全体がこんがりときつね色になったら油をきって器に盛り、しっかりめに塩を振る。

なすは牛乳に漬け込み、落としラップをしてしばらく置くと、柔らかくとろりとした食感に。

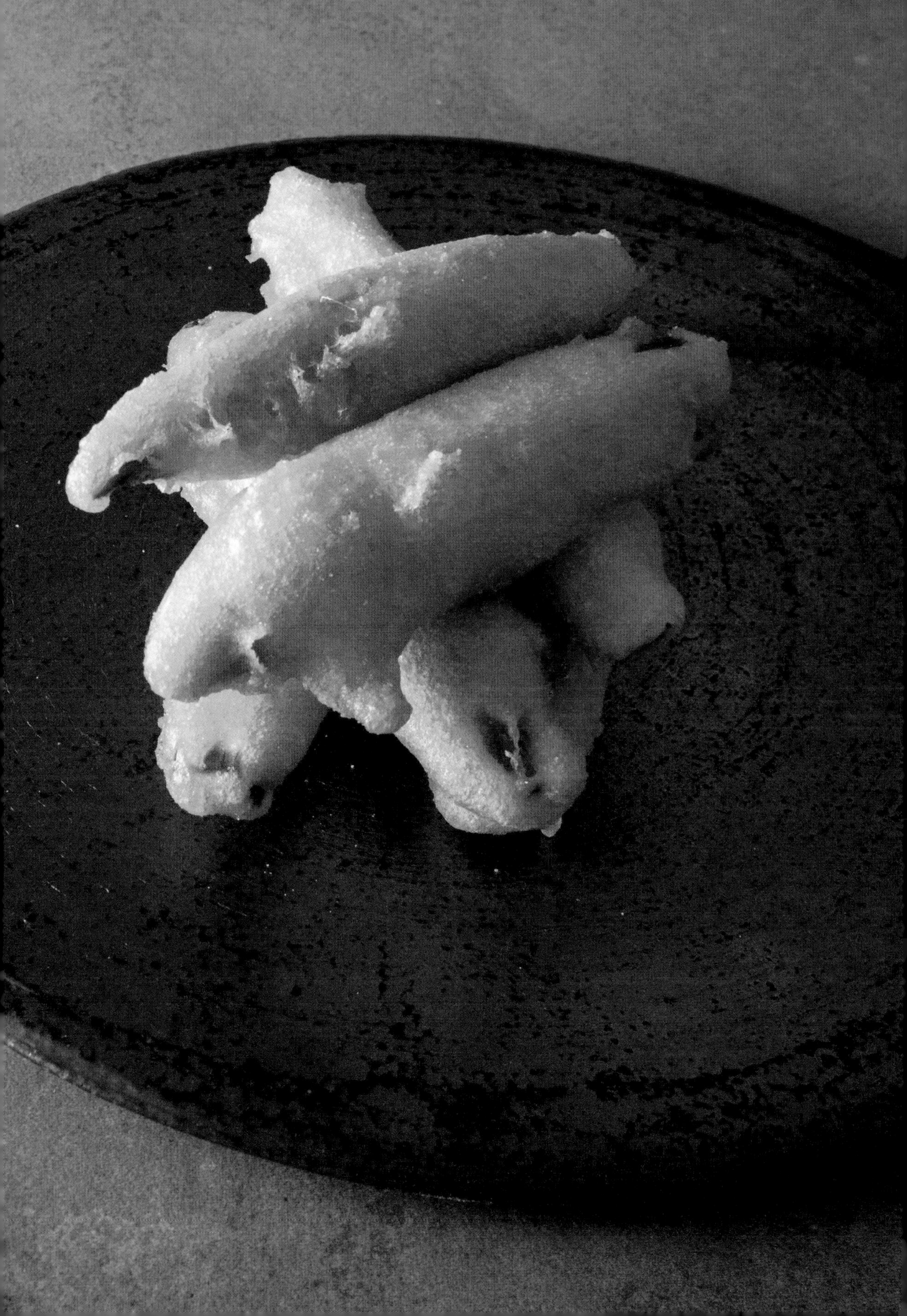

トマト

トマトは加熱調理でリコピンの吸収率がアップ

◎選び方

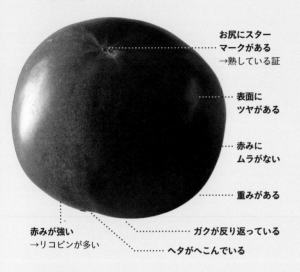

お尻にスター
マークがある
→熟している証

… 表面に
ツヤがある

… 赤みに
ムラがない

… 重みがある

赤みが強い
→リコピンが多い

… ガクが反り返っている

… ヘタがへこんでいる

◎保存

青いものは常温の冷暗所で追熟保存。すぐ食べるなら常温保存の方が良いが長持ちさせるなら野菜室へ。

☙冷蔵の場合
1_キッチンペーパーで包む
2_保存袋に入れる
3_冷蔵庫の野菜室に入れる
保存期間は約1週間

☙冷凍の場合
1_ヘタをとる
2_ラップで包む
3_冷凍庫に入れる
保存期間は約1ヵ月。食感が大きく変わるので生食はしないで。水につけて皮をむき、つぶしながら煮込みや炒めものに加えたり、凍ったまますりおろしてドレッシングに。

◎豆知識

☙色によって栄養に違いがある
トマトの色は、含まれる色素成分であるカロテノイドやポリフェノールの違いによって、赤、緑、黄色、黒色とカラフルに変化します。リコピンが豊富だと赤色に、β-カロテンが多いと黄色に、アントシアニンが表面に多いと黒色になります。緑色のトマトにはリコピンは含まれません。

☙トマトは朝食べましょう
トマトに含まれるリコピン。この血中濃度は、昼や夜より朝食べた方が長時間高い状態をキープできます。

☙ミニトマトはヘタをとって保存
ミニトマトを保存するときはヘタをとってください。ヘタがついている状態のミニトマトは呼吸が多くなります。呼吸によって水分が抜けやすいので、栄養が落ちやすく、カビが生えやすくなります。お弁当に入れるときもヘタを外しましょう。

☙リコピンの吸収率を高める方法
リコピンはトマトの強固な細胞壁の内側にあるため、吸収率を高めるには細胞壁を壊す必要があります。加熱して細胞壁を柔らかくしたり、すりつぶすことで、生で食べるよりも3〜4倍も吸収率が上がります。さらにリコピンは脂溶性なので、オリーブオイルなどを使うとさらに吸収率がUP。

シンプルに味わう！

湯むきしたトマトにだしがしみて美味。冷やしてどうぞ

◎トマトのだし浸し

☙材料（作りやすい分量）

トマト…1個	めんつゆ（3倍濃縮）
A｜だし汁…2カップ 　｜みりん…大さじ1	…大さじ1と2/3 塩…小さじ1/3

☙作り方
1　トマトはヘタをとり、沸騰した湯にくぐらせ、氷水に落として冷めたら皮をむく。
2　キッチンペーパーでトマトの水けを拭き取り、混ぜたAとともに容器に入れて冷蔵庫で12時間漬け込む。

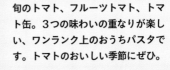
旬のトマト、フルーツトマト、トマト缶。3つの味わいの重なりが楽しい、ワンランク上のおうちパスタです。トマトのおいしい季節にぜひ。

トマトを数種組み合わせることで奥深いトマトパスタに

トマトソースパスタ

❤材料（1人分）
パスタ（1.7mm）…100g
トマト…1個
フルーツトマト…1個
塩…適量
トマトソース（市販品または下記参照）…120g
にんにく…1片
レモンの皮（刻む）…適宜
オリーブオイル…適量

❤作り方
1　トマトとフルーツトマトのヘタをくり抜き、へそに十字の切り込みを入れ、湯にくぐらせて冷水にとり、湯むきする。輪切りにして、スプーンの裏側を使って種を除き、角切りにする。

2　鍋にオリーブオイル大さじ1を入れ、1、塩を加えて崩しながら水分を出すように炒め煮にする。全体にとろりとしたら火から下ろし、ハンドブレンダーで滑らかにする。

3　再度火にかけて煮詰めていく。鍋肌についたトマトもしっかりゴムベラでぬぐいながら混ぜる。

4　パスタを、湯量に対して1％の塩を入れた湯で、袋の表示通りにゆでる。

5　にんにくをつぶし、オリーブオイル大さじ1と1/2とともにフライパンに入れて加熱する。トマトソースを入れ、パスタのゆで汁を適量加えながらなじませる。ゆで上がったパスタを加えてソースを絡める。

6　器に盛り、好みでレモンの皮をかける。

トマトソース：フレッシュトマトが1：3の割合になるように混ぜて作る。数種のトマトを合わせることで味に深みが出る。

sioのトマトソース

❤材料（作りやすい分量）
ホールトマト缶…250g
ピュアオリーブオイル…カップ1/2
にんにく…1片
玉ねぎのみじん切り…1/4個分
乾燥バジル、塩…各適量

❤作り方
1　トマトはヘタを落として手でつぶしながらボウルに入れる。

2　鍋にオリーブオイルとにんにくを入れて火にかけ、油がパチパチ音を立ててきたら火を弱め、オイルににんにくの香りを移す。玉ねぎ、乾燥バジルを加える。

3　玉ねぎが軽く炒まったらにんにくを取り出し、1を加え、塩を振る。沸いたら弱火にし、とろりとするまで煮詰める。

きゅうり

きゅうりのイボはおいしさの証

◎選び方

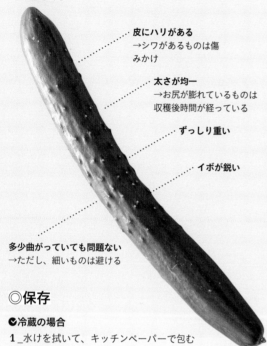

皮にハリがある
→シワがあるものは傷みかけ

太さが均一
→お尻が膨れているものは収穫後時間が経っている

ずっしり重い

イボが鋭い

多少曲がっていても問題ない
→ただし、細いものは避ける

◎保存

❤冷蔵の場合
1_水けを拭いて、キッチンペーパーで包む
2_保存袋に入れる
3_ヘタを上にして立てて冷蔵庫の野菜室へ
保存期間は約1週間

❤冷凍の場合
1_水洗いする
2_薄く輪切りにし、塩もみする
3_冷凍用保存袋に入れる
4_冷凍庫に入れる
保存期間は約1ヵ月。料理に使うときは、ポテトサラダや和え物に入れましょう。

◎豆知識

❤きゅうりはギネスに認定されている?
ギネス記録に「世界で一番栄養がない野菜と書かれている」という噂に騙されないでください。ギネスには「Least calorific fruit」と記載されています。これは日本語で「最もローカロリーな果実」という意味です。実際にきゅうりは95%が水分なので、お世辞にも栄養満点な野菜とは言えないのですが、カリウム、ビタミンK、ビタミンC、食物繊維などの栄養素を含んでいるので、全く栄養がないというわけではありません。

❤きゅうりのアク抜き
1_ヘタを落として、切り口同士を30秒こする
2_白い液体が出てくるので流す
アク抜きしたきゅうりはひと味違います。エグみがまったくなくなり、調味料の馴染みもよくなります。

❤ブルーム付ききゅうりがおいしい
昔はお客さんから「カビがついているよ」と言われたことも。きゅうりの皮の表面についている白い粉状のものはブルームと呼ばれている天然物質で、水分の蒸散を防ぐためにきゅうり自身が分泌しています。

❤体調の悪いときの生食は注意
きゅうりは利尿作用があり、内臓の熱を奪います。結果的に身体が冷えてしまうので、体力が落ちているときや、下痢のときの生食は避けましょう。

❤叩くと味が染み込みやすくなる
すりこぎなどで叩き割ると、表面がでこぼこになり、表面積が大きくなるので調味料が絡みやすくなります。

シンプルに味わう!

きゅうりのみずみずしいおいしさを感じられる

◎もろきゅう

❤材料(作りやすい分量)
きゅうり…1本
もろみ味噌…適量
❤作り方
1 きゅうりは両端を切り落とし、半分に切り、さらに縦4等分にする。
2 もろみ味噌を添える。

たたききゅうりに無限だれの
味わいをしみ込ませて

やみつききゅうり

食べはじめたら、箸が止まらない！
皮を縞目にむいて短時間で味をしみ
込みやすくし、砂糖で味にコクと深
みを出すのがポイント。

❤️材料（作りやすい分量）
きゅうり…1本
梅干し（塩分8%）…2〜3個
青じそのせん切り…1枚分
塩昆布…大さじ1/2
ごま油…小さじ1/2
砂糖…小さじ1
塩…適宜

❤️作り方
1 きゅうりは、皮をピーラーでしま目にむ
き、両端を切り落とす。麺棒やビンなどで軽
く叩きながら押して割りつぶし、食べやすい
大きさに切る。梅干しは、種を除き、叩く。
2 1、青じそをボウルに入れ、塩昆布、ご
ま油、砂糖、味が足りなければ塩を加え、全
体をなじませるようにあえて器に盛る。

ピーマン

旬は6〜8月

昔より苦みが減って食べやすくなりました

◎選び方

ヘタの切り口が変色していない
→ヘタから傷み始める

ヘタの周りがへこみ肩が盛り上がっている

表面にツヤがある
→シワがあるものは傷みかけている

◎保存

♥冷蔵の場合

1_1個ずつ新聞紙で包む

2_冷蔵庫の野菜室に入れる

保存期間は約1週間

♥冷凍の場合

1_水洗いして細切りにする

2_水けを拭き取って冷凍用保存袋に入れる

3_冷凍庫に入れる

保存期間は約1ヵ月。使うときは、凍ったまま炒め物に入れたり、あえ物にするとおいしい。

◎豆知識

♥昔よりも苦みが減った

ピーマン＝苦いというイメージがありますが、品種改良が進み、以前と比べるとピーマン独特の青臭さがなくなったため、子どもでも食べやすくなっています。

♥パプリカの栄養は色によって違う

赤色はカプサイシンやβ-カロテンが豊富、黄色はルテインとビタミンC、オレンジ色はβ-カロテンとビタミンCを多く含んでいます。

♥ピーマンのヘタは六角形のものが苦みが少ない

ピーマンのヘタは五角形が一般的ですが、六角形のものがあります。六角形の方が時間をかけてたっぷりと栄養を吸収しており、糖度が高いと言われています。

♥赤ピーマン

赤ピーマンは緑のピーマンと比べると、甘みが強く苦みが少ないので子どもにおすすめできます。緑色のピーマンはまだ未熟な状態ですが、赤く熟すことで甘みが増して苦みが減少します。

また緑色の未熟なピーマンと比べて、赤ピーマンは栄養価が高く、β-カロテン、ビタミンC、ビタミンEは緑のピーマンよりも赤ピーマンの方が数倍多く含んでいます。

♥油で調理すると◎

ピーマンに含まれるβ-カロテンは脂溶性なので、油と一緒に食べることで吸収率がアップします。油で炒めると良いでしょう。

シンプルに味わう！

おかず、お弁当、おつまみに。常備菜にしたい万能副菜

◎無限ピーマン

♥材料（作りやすい分量）

ピーマン…4個

白いりごま…適量

A 塩昆布、ポン酢…各大さじ1
ごま油…大さじ1/2

♥作り方

1　ピーマンは細切りにして耐熱容器に入れ、ラップをかけて電子レンジで1分30秒加熱する。

2　**A**とあえ、器に盛って白いりごまを振る。

ピーマンは氷水につけるだけでパリパリな食感に。スプーンがわりにしてひき肉と一緒に食べると、ピーマンの肉詰めみたいで超うまいす。

なす入り肉味噌のあまりのうまみでピーマンがバリバリいける！

エスニックひき肉ピーマンボート

♥材料（2人分）

ピーマン…3個
なす…2本
合いびき肉…350g
すりおろしにんにく…小さじ2
すりおろししょうが…小さじ2
サラダ油…小さじ4
玉ねぎのみじん切り…1/2個分
塩…適量
A｜ナンプラー…大さじ1と2/3
　｜塩…小さじ1/3
　｜砂糖…小さじ2と1/2
　｜スイートチリソース…大さじ1と2/3
　｜水…100ml

♥作り方

1　ピーマンは半割りにして種とワタを除き、氷水にさらしてパリッとさせる。なすはヘタをとって8mm角に切る。

2　フライパンを熱し、サラダ油小さじ2、ひき肉を入れて塩少々を振り、木べらでほぐしながら炒める。肉の色が変わったら、一度ざるに上げて余分な脂をきる。

3　2のフライパンに残りのサラダ油を入れて熱し、にんにくとしょうがを入れて香りが出るまで炒める。玉ねぎを加えて全体に油がなじんだら、なすを入れて軽く塩少々を振る。しんなりするまで炒め、ひき肉を戻し入れて炒め合わせる。Aを入れて煮詰める。

4　煮詰まったら器に盛り、ピーマンにのせて食べる。

ピーマンは氷水に入れると驚くほどパリッとした食感に。この一手間で味が段違いに変わる。

とうもろこし

ひげの多いものは粒もぎっしり！ おいしい証

◎選び方

・皮が淡い緑色

・先端まで
ふっくらしている

・ずっしりと
重量感がある

粒がぎっしり
→中身が見える場
合は粒の間に隙間が
ないものが◎

ひげが褐色

ひげの数が多い
→ひげの数と粒の数が一緒

◎保存

❤冷蔵の場合
1_皮付きのまま3分ほどゆでる
2_水けを拭き取り粗熱をとる
3_1本ごとにラップし冷凍用保存袋に入れる
4_冷蔵庫の冷蔵室で保存
保存期間は約3日。鮮度劣化が早く、糖度は落ちるので、
とにかく早めに食べきりましょう。
❤冷凍の場合 （ゆでて保存したくない場合の最善策）
1_ひげをカットし、皮の周りの汚れを落とす
2_1本ずつラップで包む
3_冷凍用保存袋に入れて冷凍庫へ
保存期間は約1ヵ月。調理するときは、ラップをしたまま
皿にのせて、レンジで1本あたり約8分加熱して。

◎豆知識

❤とうもろこしはとにかく鮮度劣化が早い
とにかく鮮度の良いものを食べるというのが一番大事です。
まずは、お店で鮮度劣化したものを選ばないこと。陳列し
たてのとうもろこしと、閉店間際まで売り場に残ったもの
とでは全く鮮度が変わってきます。とうもろこしの糖度は、
収穫後1日経つだけで1〜2％落ちてしまうといわれてい
ます。本来の味を楽しむためには、鮮度の良いものを購入
し、買ったらすぐに食べること。
❤買ってきたらすぐゆでる

本当は収穫後すぐに食べるのが一番おいしいんです。生の
まま保存するのは愚策。すぐ食べない場合は買ってきたら
すぐにゆでて冷蔵庫で保存しましょう。
❤芯は捨てないで
芯からはだしがとれます。とうもろこしごはんを炊くとき
に一緒に炊飯器に入れて炊いたり、スープに入れると、風
味の良いだしが出ます。
❤甘さがキープできるゆで時間は3分
ゆでればゆでるほど、とうもろこしの糖分はお湯に溶け出
してしまいます。沸騰してから3分なら、甘くジューシー
に。レンチン調理も可能で、私はそちらを推しています。
❤最も簡単でおいしいとうもろこしの食べ方
1_お尻をカットし、ラップをせず皮ごとレンジへ
2_電子レンジで5分加熱
3_頭を持つと皮がスルッとむけます

シンプルに味わう！

なつかしの香ばしい焼きもろこしのおいしさ

◎蒸し焼きとうもろこし

❤材料（2人分）
とうもろこし…1本
焼き肉のたれ…大さじ1
❤作り方
1　根元から2cmほど切り落とし、皮つきのまま電子レン
ジで5分ほど加熱する。
2　粗熱がとれたら皮をむき、ハケで焼き肉のタレを塗り、
フライパンでしっかりと焼き色をつける。

めちゃくちゃ簡単で、大人も子どもみんな大好きな味。炊飯器でももちろんOKです。夏の定番ごはんにしてほしい！

芯ごと炊くことでとうもろこしの甘さをたっぷりと感じられる

とうもろこしの
バターじょうゆ炊き込みごはん

❤材料（作りやすい分量）

とうもろこし…1本

米…2カップ

水…320ml

A 顆粒だしの素、しょうゆ、みりん…各小さじ2

バター…15g

❤作り方

1 とうもろこしは包丁で実を削ぎ落とす。米は洗い、15分ほど浸水させ、ざるにあげ、15分ほど乾燥させる。

2 鍋に水をきった米、水、**A**を入れてさっと混ぜ、**1**のとうもろこしの実と芯をのせる。

3 鍋を強火にかけ、沸騰したらふたをして弱火で12分炊く。火を止めてふたを開けずに8分蒸らす。芯を取り除き、バターを混ぜる。

014 # ゴーヤー

ゴーヤーは選び方で苦みを加減できる

◎選び方

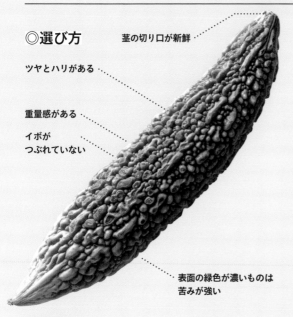

茎の切り口が新鮮

ツヤとハリがある

重量感がある

イボが
つぶれていない

表面の緑色が濃いものは
苦みが強い

◎保存

❤冷蔵の場合
1_縦半分にカットし、種とワタをスプーンで取り除く
2_1切れずつラップで包む
3_冷蔵庫の野菜室に入れる
保存期間は約1週間

❤冷凍の場合
1_水洗いする
2_縦半分にカットし、種とワタをスプーンで取り除く
3_薄切りにする
4_冷凍用保存袋に入れる
5_冷凍庫に入れる
保存期間は約1ヵ月。使うときは、凍ったまま炒め物に。

◎豆知識

❤ワタも食べられる
ワタには果肉の1.7倍近くもビタミンCが含まれています。ワタ部分は苦みが少ないので、スープに入れたりフライにして食べることができます。

❤苦みのとり方
スライスしたら、塩もみをして洗い流し、熱湯でサッと下ゆですることで、ある程度は苦みを取り除くことができます。油でコーティングすることでも苦みを感じにくくなります。

❤油を使った調理がおすすめ
ゴーヤーに含まれているビタミンCは熱に強い性質があり

ます。また、β-カロテンは油と一緒に摂ることで吸収率がUP。栄養面で見てもゴーヤーは油で炒める調理法がベスト。

◎栄養

❤ビタミンC
風邪予防、美肌、免疫力強化、抗ストレスなどの効果が期待できます。他にも免疫力を高め、コラーゲンの生成を助ける効能があります。水に溶けやすく熱に弱いので生食することでより多く摂取できます。

❤モモルデシン
苦みの原因であるモモルデシンは、20種類以上のアミノ酸からなるもので、ゴーヤー特有の成分です。胃腸を刺激して消化液の分泌を促したり、粘膜の状態を整える働きが。夏バテ防止や食あたり予防にも役立ち、急激な血糖値上昇を抑えて、身体を冷やす効果もあるため熱中症対策にも◎。

シンプルに味わう!

油と相性のいいゴーヤーを軽い衣でサクッと揚げて

◎ゴーヤーのフリット

❤材料（作りやすい分量）
ゴーヤー…1本　　炭酸水…160ml
天ぷら粉…150g　　塩…少々　　揚げ油…適量

❤作り方
1　ゴーヤーは縦半分に切って種とワタを取り除き、8mm厚さに切る。
2　ボウルに天ぷら粉と炭酸水を入れて混ぜ合わせる。
3　フライパンに少し多めの油を熱し、100℃ほどの温度になったら1に2をまとわせ、揚げる。器に盛り塩を振る。

ゴーヤーといえばこれ。豚バラに卵
に厚揚げに玉ねぎ。
シンプルだけど一番うまい。
これ1品で夏バテ知らず！

厚揚げで作る、うまみたっぷりボリュームチャンプルー

ゴーヤーチャンプルー

❤材料（2人分）

ゴーヤー…大1/2本（約100g）
塩、こしょう…各適量
砂糖…小さじ1
玉ねぎ…1/4個
豚バラ薄切り肉…100g
厚揚げ…1/2枚（120g）
サラダ油…小さじ1
A｜水…50ml
　｜オイスターソース…大さじ1
　｜顆粒だしの素…小さじ1/2
　｜しょうゆ、グラニュー糖…各小さじ1
　｜塩、こしょう…各少々
溶き卵…2個分
ごま油…小さじ1
削り節…適量

❤作り方

1　ゴーヤーは縦半分に切って、スプーンでワタと種を取り除き、5mm幅に切る。ボウルに入れ、塩小さじ1/2、砂糖を加えて軽くもみ、そのまま5〜10分ほど置く。

2　玉ねぎは5mm幅に、豚バラ肉、厚揚げは一口サイズに切る。

3　フライパンにサラダ油を熱し、豚肉を1枚ずつ広げて入れ、中火で焼くように炒める。塩、こしょう各少々を振って炒め合わせ、肉の色が変わったら1の水けをしっかりと絞って加え、玉ねぎも加えて炒め合わせる。野菜に油がなじんだら厚揚げを加え、厚揚げに焼き色をつけながらさらに炒める。

4　Aを加え、煮詰めながら厚揚げに調味料を絡めるように全体を混ぜ合わせる。溶き卵を回し入れて炒め合わせ、火を止める。ごま油を回しかけ、ひと混ぜする。

5　器に盛り、削り節をかける。

オクラはうぶ毛が多く、大きすぎないものが◎

◎選び方

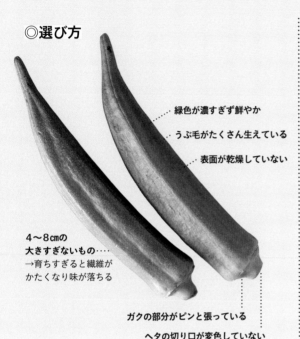

・・・・ 緑色が濃すぎず鮮やか

・・・・ うぶ毛がたくさん生えている

・・・・ 表面が乾燥していない

4〜8cmの
大きすぎないもの・・・・
→育ちすぎると繊維が
かたくなり味が落ちる

ガクの部分がピンと張っている

ヘタの切り口が変色していない

◎保存

鮮度が落ちやすい野菜なので、なるべく早く食べきる。

❤冷蔵の場合

1_数本まとめてキッチンペーパーで包む

2_保存袋に入れる

3_冷蔵庫の野菜室に入れる

保存期間は3〜5日間

❤冷凍の場合

1_購入時のネット袋とオクラをこすり合わせるように両手でゴシゴシ洗い、うぶ毛をとる

2_小口切りにする

3_冷凍用保存袋に入れる

4_冷凍庫に入れる

保存期間は約1ヵ月。使うときは、凍ったまま汁物に加えたり、炒めましょう。

◎豆知識

❤ネットを使えばうぶ毛がとれる→口当たりがよくなる

板ずりをしてうぶ毛をとる方が多いですが、販売されているときにオクラが入っていたネット袋を利用しても。

❤レンジ調理がおすすめ

1_ネット袋で洗い、ガクの縁をカットする

2_皿に重ならないように並べる

3_ラップをかけて電子レンジで1分加熱する

4_食べやすいサイズにカットする

❤細かく切るとネバネバ成分アップ

オクラのネバネバ成分は細胞壁を壊すことで外に出てきます。なので、細かく切ることでネバネバ成分はどんどん染み出してくるというわけです。ネバネバ成分には、胃粘膜の保護やタンパク質の消化促進、整腸作用などの働きがあります。効果を最大限に引き出すなら、オクラはみじん切りにしてどんどん細胞壁を壊すとよいです。

❤大きいオクラは選ばない

品種にもよりますが、大きく成長したオクラはかたくなって食味が落ちるので避けましょう。

シンプルに味わう！

オクラの食感を感じられる、シンプル副菜

◎オクラのごまあえ

❤材料（作りやすい分量）

オクラ…8本

A | 砂糖…小さじ1/2
 | しょうゆ…大さじ1/2
 | 白すりごま…大さじ1

❤作り方

1 オクラはガクをとり、まな板にのせ、塩適量（分量外）を全体に振り、手のひらで軽く押さえながら転がす。

2 鍋に湯を沸かし、塩がついたままのオクラを入れ、10〜20秒ゆでて取り出し、冷水にさらして水けをきる。

3 食べやすい大きさに斜め切りにし、混ぜたAとあえる。

とにかく細かく切るのがポイント。
ごはん何杯でもいけちゃうやつ。
夏は毎日食べたくなります。
そして超ヘルシー！

すべての野菜を細かく刻んで混ぜるだけ。暑い日は薬味たっぷりがおいしい。

山形の夏の郷土料理。暑くて食欲がなくなる時期に体が喜ぶ

山形のダシ

材料（作りやすい分量）

オクラ…3本	ねぎ…1/2本
大葉…2パック	**A** しょうゆ…大さじ1と1/2
きゅうり…2本	みりん…小さじ2
なす…1本	酢（穀物酢）…小さじ2
みょうが…2個	白だし…小さじ1
刻み昆布…3g	砂糖…大さじ1/2
鷹の爪の小口切り	あたたかいごはん…適量
…ひとつまみ	

作り方

1 オクラはガクをとり、まな板にのせ、塩適量（分量外）を全体に振り、手のひらで軽く押さえながら転がす。

2 鍋に湯を沸かし、塩がついたままのオクラを入れ、2分ほどゆでて取り出し、冷水にさらして水けをきる。すべての材料をなるべく細かく切る。

3 ボウルに**2**と**A**を入れて混ぜ、器に盛ったごはんにのせる。鷹の爪の小口切りをのせる。

レタス

レタスは軽い方がふわっとした食感でおいしい

◎選び方

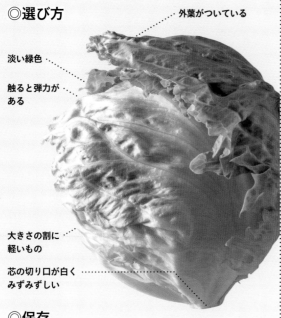

外葉がついている

淡い緑色

触ると弾力が
ある

大きさの割に
軽いもの

芯の切り口が白く
みずみずしい

◎保存

♥冷蔵の場合（まるごと）

1_芯に爪楊枝を刺して成長を止める

2_ポリ袋に入れる

3_冷蔵庫の冷蔵室に入れる

保存期間は約1週間

（P9 参照）

♥冷凍の場合

1_1枚ずつ水洗いしてからちぎる

2_水けを拭き取り冷凍用保存袋に入れる

3_冷凍庫に入れる

保存期間は約1ヵ月　凍ったまま加熱調理を。生食はNG。

◎豆知識

♥栄養素は玉レタスよりも、他の品種の方が多く含む

サラダ菜や、サニーレタスなどの色が濃いリーフレタスの方が玉レタスよりも栄養素を多く含みます。サニーレタスと玉レタスを比較すると、β-カロテンは約8倍、ビタミンCは3倍、ビタミンEは4倍、カリウムは2倍で、食物繊維やカルシウムもレタスより多く含んでいます。

♥芯から出てくる白い液体

レタスを切ると出る白い液体はポリフェノールで、空気に触れると赤く変色します。選ぶときは芯の切り口に注目。切り口が真っ赤に変色しているものは避け、真っ白なものを選ぶと鮮度が良い可能性が。ただ、変色したら薄く切り落

とす店もあるので、あくまでも選ぶ指標の一つと考えて。家では、薄い塩水か酢水で拭くと変色を遅らせられます。

♥長持ちする使い方

芯に爪楊枝を刺して成長を止め、使うときは切らずに外側からはがす。

♥ちぎる前に洗う

レタスに含まれるビタミンCやビタミンB群などの水溶性の栄養素は、水に溶け出す性質があるので、ちぎって水洗いすると流れ出てしまいます。ちぎる前に洗いましょう。

♥油で加熱調理がおすすめ

加熱することで、カサが減りたくさん食べることができます。またレタスに含まれるビタミンEやβ-カロテンは脂溶性なので、油と一緒に摂ることで吸収率がアップします。

シンプルに味わう！

韓国の「チョレギサラダ」。旬のレタスはぜひ生で

◎チョレタスサラダ

♥材料（1人分）

レタス…5枚		酢…大さじ1	
きゅうり…1/2本		砂糖…小さじ1	
わかめ…25g		鶏ガラスープの素 …ひとつまみ	
玉ねぎ…1個			
韓国のり…2枚		しょうゆ…大さじ1	
A ごま油…大さじ1 にんにくのすりおろし…少々		白いりごま…小さじ1	

♥作り方

1　レタスはちぎる。きゅうりは乱切りにする。

2　ボウルに**A**を混ぜ、**1**とあえ、ちぎったのりをのせる。

食感を残して油で炒めたレタスのおいしさを、
パラパラチャーハンで

レタスチャーハン

パラパラチャーハンにシャキシャキ
のレタス。レタスは火を入れすぎな
いように注意。「万能米」の配合を覚
えればチャーハンの達人になれる！

❤材料（2人分）
レタス…3枚
万能米（温かいもの）…260g
かまぼこ…40g
ねぎ…2/3本
万能ねぎ…1/2輪
溶き卵…2個分
サラダ油…大さじ3
塩…小さじ1/3〜1/2
しょうゆ…小さじ2

❤作り方
1　レタスは好みの大きさにちぎる。かまぼこは
5mm角に切る。長ねぎは粗みじん切りにする。万
能ねぎは小口切りにする。
2　フライパンにサラダ油を入れて強火で熱し、
溶き卵を流し入れて半熟状になるまでヘラで混ぜ
ながら火を通す。万能米を加えて炒める。
3　ねぎ、かまぼこ、塩を加えて中火で炒め合わ
せ、万能ねぎとレタスを加えてさっと炒める。
4　しょうゆを鍋肌から回し入れてさっと炒め、
器に盛る。

万能米の炊き方

❤材料（約500g分）
米（洗わない）…250g
水…300ml
鶏ガラスープの素…小さじ2
しょうゆ、サラダ油…各小さじ1
❤作り方
材料をすべて合わせて炊飯器で炊
く。鍋の場合は沸騰するまで強火、
ふたをして弱火で12分、火を止
めて5分蒸らす。

青髪のテツ×鳥羽周作

企画のウラ側！ **対談**

鳥羽周作

いや〜、今回は、テツさんとコラボできて、うれしいす！
僕にとっても、コラボで書籍を作るのは初めてなんです。

青髪のテツ

野菜のレシピ本を作るなら、
絶対鳥羽さんにお願いしたい！
とずっと思っていたんです。
実現できて、感無量です。

鳥羽周作

SNSの出会いっていうのも、すごいですよね。
令和っぽい！

青髪のテツ

思い返すと……私はTwitterで毎日発信しているのです
が、ある日鳥羽さんからフォローしてもらっていて、リ
プを頂きました。
Twitterではスペースという生放送をする機能があり、
そこでも名前を出して頂いたりしたのが最初で、
すごくうれしかった！

鳥羽周作

そうそう、Twitterで絡みました！　テツさんの野菜のこ
とを突き詰めている発信を見て、すごいなぁと思って！

青髪のテツ

私こそ、鳥羽さんが企業とコラボして開発した料理やス
イーツを食べて感動した経験があり。またそのタイミン
グで書籍の企画をしていたので、鳥羽さんに協力して頂
けるなら間違いなくクオリティの高いレシピ本になると
確信していたので名前を出させて頂きました。

鳥羽周作

めちゃくちゃうれしかったです！
それで実際に撮影で会ったのが初めてという！
テツさんて、顔出ししていないので謎に包まれていると
思うんですよね。僕もどんなかたが来るのかなぁと思っ
て楽しみにしてました。
実際、めちゃめちゃ物腰柔らかなかた。すごいやさしい。
すごいやさしいのに、野菜のことになると情熱的なとこ
ろがかっこいいんだよなぁ。
すごくロジカルで、僕にとって信用できるかたです。

うれしいな〜！
僕にとって鳥羽さんは、SNS上での印象をいうと、
ユーモラス
好きなものには好きという
相手に対してリスペクトがある
仕事を楽しんでいるように見える
で、撮影で初めて会って、本当そのまま！
実績あるかたなのに、フレンドリーでテレビやYouTube
でみているキャラクターそのままの人でした！
現場の鳥羽さんはとってもエネルギッシュで、見習わな
いといけないと感じました。
仕事に対しての熱量がこちらに伝わってくる。
やっぱりお客さんを感動させる現場に常にいるからこそ、
目的や目標がブレない太い芯があって。日々それに向か
って追究しているんだろうなと感じました。

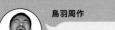鳥羽周作

めちゃくちゃうれしい…

今回の本の料理を実際に食べて、さらに感動！
王道の料理は抜群においしいですし、どこかに驚くよう
なアクセントが加えられていることが多いところも好き
です。
奇抜なことをすると失敗するイメージがありますが、う
まくバランスをとって感動させるレベルまで持っていっ
ているのはさすがだなぁと思いました。

鳥羽周作

テツさんの野菜の情報って、実際に料理人でも知らない
こともあったりとか、すごいから、この本は本当にいい
内容になっていると思う。
お互い知らないことを持ち屋を生かして全力で持ち寄っ
てるから、もはやその野菜のことが2倍どころか2乗く
らい、わかると思うんです。
何しろ、僕とテツさんはマインドが同じだなと思ってい
るので。お互い、世の中の幸せの分母が増えればいいな、
とその思いでSNSで発信しているって思う。

まさにまさに。その思いが、いつもはSNSを通して…
そして、この本を通して今回は伝われればと思います。
野菜のおいしさはいつの時代も普遍ですから。
一生使える本を作れたと思うと、すごくうれしいですね。

鳥羽周作

最高。コラボで可能性が増えていって、みんなが喜んで
くれるもの作れれば、幸せ。

AUTUMN

P058-075

秋野菜

秋は「れんこん」や「ごぼう」「にんじん」などの
根菜類が旬を迎えます。また、夏に収穫された
「さつまいも」や「かぼちゃ」が熟成されて
甘〜くおいしくなっているので特におすすめ。
現代は通年で親しまれているきのこも、
秋野菜と合わせてたっぷり楽しめるレシピをご紹介します。

017

さつまいも

寒さと湿気に弱い！ 保存は水分に要注意

◎選び方

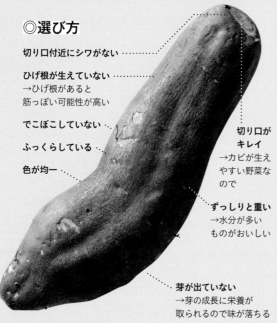

切り口付近にシワがない

ひげ根が生えていない
→ひげ根があると
筋っぽい可能性が高い

でこぼこしていない

ふっくらしている

色が均一

切り口が
キレイ
→カビが生え
やすい野菜な
ので

ずっしりと重い
→水分が多い
ものがおいしい

芽が出ていない
→芽の成長に栄養が
取られるので味が落ちる

◎品種

❤紅あずま
ホクホク系。関東地方の代表的な品種。果肉は鮮やかな黄色で、加熱すると甘みが増すので焼き芋に最適。皮の色が赤くてキレイなので天ぷらや煮物にもおすすめ。

❤鳴門金時
ホクホク系。鮮やかな紫色の皮は見た目にも美しい。甘さは控えめ。甘すぎる品種が多いなか、煮物や芋ごはんには昔ながらの鳴門金時の味が最適。

❤安納芋
種子島の特産品種でしっとり系。濃厚な甘みがあり、焼いただけでねっとりクリーミーになる。果肉はオレンジ色。

❤紅はるか
しっとり系。麦芽糖を多く含み、糖度が高くとにかく甘い。なめらかな食感なのでお菓子作りにも最適。
「甘太くん」(大分県)、「紅天使」(茨城県) などのブランド紅はるかもある。これらはさつまいもの概念が覆るほど甘い。

❤シルクスイート
絹のようになめらかな食感が特徴。味は濃く甘みも強い。

◎保存

寒さと湿気に弱いので両方の対策をして保存する必要があります。そのまま冷蔵庫に入れると中に黒い斑点ができる低温障害を起こします。黒い斑点は苦みがあるのでさつまいもの味が落ちてしまいます。常温の冷暗所がベストですが、気温が20℃を超えると今度は芽が出るので、室温を考慮して保存場所を決めましょう。

❤常温の場合
1_新聞紙で包む
2_風通しのよい冷暗所で保存
保存期間は約1ヵ月

❤冷蔵の場合
1_新聞紙で包む
2_保存袋に入れる
3_冷蔵庫の野菜室に入れる
保存期間は約1ヵ月

❤冷凍の場合
1_洗って輪切りにする
2_水にさらしてアクを抜く
3_水けをしっかり拭き取る
4_冷凍用保存袋に入れる
5_冷凍庫に入れる
保存期間は約1ヵ月。使うときは凍ったままバターで炒めたり味噌汁に入れる。

◎豆知識

❤さつまいもは絶対に調理直前まで洗ってはいけない
水けに弱い野菜なので、洗ってしまうと腐りやすくなります。湿ったさつまいもは、天日干しして乾かしてから保存。

❤収穫したてのさつまいもは甘みが少ない
収穫は夏から始まりますが、収穫直後は甘みがほとんどなく、2〜3ヵ月貯蔵することで、でんぷんが糖に変換され、甘みが増します。なので秋〜冬がおいしいのです。

❤さつまいもの芽は食べることができる
じゃがいもと違って、さつまいもの芽に毒はありません。ただし、芽が出すぎたさつまいもは栄養が芽に取られているので、味が落ちます。早めに食べて。

❤皮をむかないで
さつまいもの皮には抗酸化作用のあるポリフェノールが多く含まれています。よく洗って皮ごと食べてください。

❤おいしい焼き芋を作る方法
甘くておいしい焼き芋を作るためのポイントは「低温でじっくり熱を入れて焼き上げること」です。さつまいもは50〜75℃の温度帯で、でんぷんが糖に変換されて甘みが増していくと言われています。
1_さつまいもをよく洗って両端を切り落とす
2_オーブンやトースターで150〜170℃で80〜120分加熱
(さつまいもの大きさによって調節しましょう)

シンプルに味わう!

さつまいもの品種によってさまざまな甘みを感じられる一品

◎さつまいもの天ぷら

☙材料（作りやすい分量）

さつまいも…1本
天ぷら粉…150g
炭酸水…160ml
揚げ油、塩…各適量

☙作り方

1 さつまいもは8mm厚さの輪切りにする。

2 ボウルに天ぷら粉と炭酸水を入れて混ぜ合わせ、衣を作る。

3 フライパンに天ぷらより少なめの油を入れて火にかけ、100℃ほどになったら衣をまんべんなくまとわせたさつまいもを入れて揚げ焼きにする。低温から揚げ焼きすることで衣がはがれにくくなる。両面がカリッと揚がったら油をきり、器に盛って塩を添える。

鳥羽シェフおすすめは、sio監修「（ふつうの）塩」。うまみが強く素材の甘みを引き出す。

料理番組の撮影で作ったら奪い合いになったやつ。
ついつい手がのびてしまう一品です。
おかずはもちろん、おやつにも！

ビネガーの酸っぱさとさつまいもの甘さが
マッチ。すぐ食べてもなじませても美味

さつまいもの甘酢マリネ

❤材料（作りやすい分量）

さつまいも…200g
油…適量
塩…少々
赤ワインビネガー…小さじ1
はちみつ…小さじ1/2

❤作り方

1 さつまいもは5mm厚さの輪切りにする。
2 フライパンに薄く油を入れて熱し、じっくりと揚げ焼きにする。火が通ってこんがりとしたら取り出し、油をきってボウルに入れる。熱いうちに塩を振り、赤ワインビネガーとはちみつを加えてあえる。

赤ワインビネガー。なければ白ワインビネガーやバルサミコでもOK。

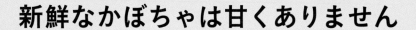

018

かぼちゃ

新鮮なかぼちゃは甘くありません

◎選び方

ヘタが乾燥している
→収穫後、熟成されている証

ヘタの周りの実がへこんでいる

皮がかたい

ずっしりと重たい
→水分が豊富

皮の色ムラは白よりオレンジ色
→熟れている

カットされたものの場合
・果肉のオレンジ色が濃い→β-カロテンが豊富
・種が膨らんでいる→熟してから収穫された証拠。種が薄いものは甘みが足りないことがある
・ワタがみずみずしい→切りたての証

◎保存

玉かぼちゃは常温で1ヵ月ほど保存可能。風通しの良い冷暗所で。
カットしたかぼちゃは冷蔵庫で保存しましょう。
❤冷蔵の場合
1_種とワタを取り除いてラップで包む
2_冷蔵庫の野菜室に入れる
保存期間は約1週間
❤冷凍の場合
1_皮をよく洗い、皮付きのまま薄切りにする
2_冷凍用保存袋に入れる
3_冷凍庫に入れる
保存期間は約1ヵ月。使うときは、凍ったまま炒め物に入れたり、味噌汁に。

◎豆知識

❤かぼちゃは捨てるところがない
かぼちゃは皮やワタ、種まで食べることができます。皮は煮物なら皮ごと食べることが多いと思いますが、取り除いた場合は、捨てずにきんぴら風にしても。ワタは糖度が高く甘みがあるので、ミキサーにかけてポタージュに入れたり、スクランブルエッグに混ぜてもおいしい。種は天日干

しをしてフライパンでから炒りしてキッチンバサミで中身を取り出せばそのまま食べることができます。皮やワタには、実よりも多くβ-カロテンが含まれています。ワタは食物繊維がたっぷりで、便秘解消効果があります。
❤かたいかぼちゃを切るときはケガに注意
1_耐熱皿にかぼちゃをのせ、水少々を入れる
2_ふんわりとラップをかける
3_電子レンジで2〜3分加熱すると、切りやすくなる

◎栄養

収穫後2〜3ヵ月で熟成し、甘みが増してきます。かぼちゃはビタミンC、ビタミンE、β-カロテンなど栄養豊富な野菜で、末梢血管を広げて血行不良を改善したり、粘膜を丈夫にして風邪を予防したりと、さまざまな健康効果が期待できます。

シンプルに味わう！

ほくほく感と甘みを感じられる、かぼちゃ料理の定番

◎かぼちゃの煮物

❤材料（作りやすい分量）
かぼちゃ…1/2個
しょうゆ、酒、砂糖、みりん…各大さじ2
❤作り方
1　かぼちゃはワタと種を取り除き、3〜4cm角に切る。
2　鍋に水200mlとすべての調味料、かぼちゃを入れて火にかける。落としぶたをし、煮汁が1/3ぐらいになるまで中火で煮る。

とにかくなめらかで、素材の味を存分に味わえるポタージュです。レストランっぽいリッチな味わいで、記念日にも大活躍。

濃厚でリッチな味わい！
超簡単なのにお店レベルの逸品

パンプキンポタージュ

♥材料（作りやすい分量）
かぼちゃ…500g
牛乳…900ml
バター（食塩不使用）…75g
グラニュー糖…大さじ2と1/2
塩…小さじ1

♥作り方
1　かぼちゃはワタと種、皮を取り除いて薄く切る。
2　鍋にバターと1を入れて中火で炒め、柔らかくなったらグラニュー糖、牛乳を加えてひと煮立ちさせる。
3　フードプロセッサーでなめらかになるまで攪拌し、塩で味をととのえる。

かぼちゃは最後に攪拌するのでどんな切り方でも良いが、薄く切ると早く熱が通るので時短に。

ごぼうの皮はむかないで!!

◎選び方

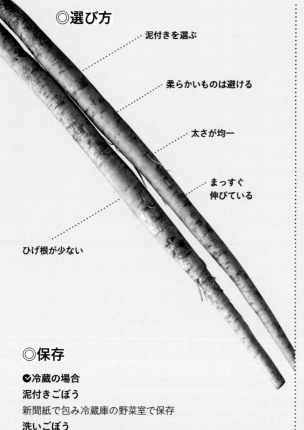

- 泥付きを選ぶ
- 柔らかいものは避ける
- 太さが均一
- まっすぐ伸びている
- ひげ根が少ない

◎保存

❤冷蔵の場合
泥付きごぼう
新聞紙で包み冷蔵庫の野菜室で保存
洗いごぼう
軽く湿らせた新聞紙で包み、ポリ袋に入れて冷蔵庫の野菜室で保存

❤冷凍の場合
1 _ しっかりと洗う
2 _ 食べやすい大きさにカットする
3 _ 軽くゆでる
4 _ 水けをしっかり拭き取る
5 _ 冷凍用保存袋に入れる
6 _ 冷凍庫に入れる

◎豆知識

❤下処理
ごぼうの皮にはうまみや栄養が多く含まれているので厚く皮をむかないで。皮ごと食べた方が風味がよくおいしいくらいです。包丁の背で軽くこすればOK。汚れが気になる場合は、丸めたアルミホイルでこそぐと簡単に取れます。

❤アク抜き
水に長時間さらすと、抗酸化作用のあるクロロゲン酸などの栄養素が抜けてしまうので、水なら5分以内で充分です。ごぼうを白く仕上げたい場合は酢水に浸けて2分以内に引き上げます。

❤栄養的には油と相性がよい
ごぼうは油で炒めることで食物繊維が油でコーティングされるため、便の通りがよくなります。煮物にする場合も油で炒めてから煮るといいでしょう。

シンプルに味わう!

薄くぱりぱりとした食感で一度食べたら止まらない!

◎ひらひらごぼう素揚げチップス

❤材料（作りやすい分量）
ごぼう…1/2本
塩、揚げ油…各適量

❤作り方
1 10cm長さに切ったごぼうをスライサーで薄切りにする。
2 5分ほど水にさらす。途中で一度水を替える。
3 キッチンペーパーで水けを拭き取り、175℃の油で揚げる。油をきり、塩を振る。

フランボワーズビネガーで作る、レストラン仕立てのごぼうのきんぴら。sioの弁当に入っている、人気おかずです。

フランボワーズビネガーの香りがきんぴらと抜群に合う。
きっと初めて出会う味

ごぼうのきんぴらフランボワーズ

❤材料（作りやすい分量）
ごぼう…100g
サラダ油…大さじ1
すき焼きのたれ（市販）…大さじ2
フランボワーズビネガー…小さじ1
白いりごま…適量

❤作り方
1　ごぼうは皮をむき、5㎝長さの細切りに。
2　鍋にたっぷりの水と**1**を入れて火にかけ、沸騰したらざるにあげる。
3　フライパンにサラダ油を入れて熱し、**2**を中火で炒める。
4　軽く炒めたら、すき焼きのたれを入れ、全体にからめる。強火にしてフランボワーズビネガーを回しかけ、酸味をとばしながらからめる。器に盛って白いりごまを振る。

フランボワーズビネガー。なければりんご酢などでもOKだが、一度は試してほしい香り！

れんこん

赤くなったれんこんを捨てないで！

◎選び方

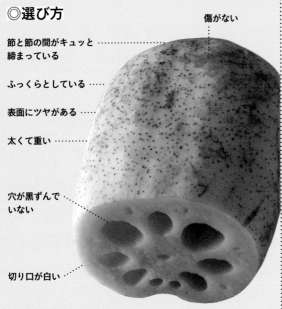

傷がない

節と節の間がキュッと
締まっている

ふっくらとしている

表面にツヤがある

太くて重い

穴が黒ずんで
いない

切り口が白い

◎保存

♥冷蔵の場合

1 _ 新聞紙で包む

2 _ 保存袋に入れる

3 _ 立てて冷蔵庫の野菜室に入れる

保存期間は約1週間

♥冷凍の場合

1 _ 皮をむいて半月切りにする

2 _ 冷凍用保存袋に入れる

3 _ 冷凍庫に入れる

保存期間は約1ヵ月。解凍すると食感が変わってしまうので、凍ったまま加熱調理を。

◎豆知識

♥切り方で食感が変わる

繊維を断つ輪切りはシャクシャクとした食感に、乱切りはむっちりとした食感に、すりおろすと強いとろみが出ます。

♥新れんこん

8月頃から出回ります。アクが少なくみずみずしいのが特徴。

♥受験生のゲン担ぎにも！

100gで1日に必要なビタミンCの約半分を摂取できます。さらに特有の粘質成分は粘膜を丈夫にし、ウイルスの核酸を壊して風邪予防や疲労回復効果が。またれんこんの穴は「先の見通しがきく」といわれ、縁起の良い食材なんです。

♥れんこんのアクはタンニン

切り口は時間が経つと黒ずんでいきます。これはポリフェノールの一種であるタンニンが酸化して変色するため。料理を白く仕上げたい場合は切ってすぐに酢水に浸けて酸化防止をしましょう。

♥赤茶色の斑点が出たれんこんも使えます

腐っているわけではないので捨てないでください。赤みがかっていたり、黒っぽい斑点は「赤シブ」と呼ばれる泥中の酸化鉄によるもの。問題なく食べられます。ただし、収穫されてから時間が経った証拠でもあるので、買うときはクリーム色のものを選んで。

♥すりおろして食べると疲労回復効果がアップ

すりおろすと酵素が活性化して、疲労回復効果がUP。

♥れんこんの皮はむかないで

皮に含まれる食物繊維やカリウムなどの栄養が摂れます。

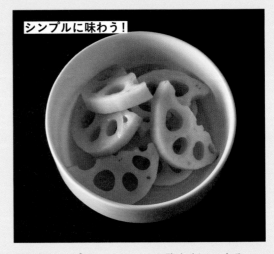

シンプルに味わう！

隠し味はナンプラー。きりっとした酸味がクセになる

◎れんこんのピクルス

♥材料（作りやすい分量）

れんこん…1節

A	ナンプラー…50ml	塩…ふたつまみ
	りんご酢…100ml	砂糖…大さじ2

♥作り方

1 れんこんは1cmの半月切りにし、2分ゆでる。

2 Aを鍋に入れ、ひと煮立ちさせて火を止める。

3 1を2に浸し、冷蔵庫で30分冷やす。仕上げにオリーブオイル（分量外）をかけても。

奈良の「㐂つね」というお店でも
出している、れんこんの良さを最高
に活かした食べ方です。
無限に食べられます。

お肉に負けない！ 薄さがやみつきになる、
まるですき焼きの味と満足感

れんこんすき焼き

♥材料（2人分）
れんこん…1節
A｜しょうゆ、みりん…各大さじ1と1/2
　｜砂糖…大さじ3
　｜水…50ml
卵…適量
七味唐辛子…適宜

♥作り方
1　れんこんはスライサーで薄切りにする。
2　小鍋にAを入れて沸騰させ、割り下を作る。
市販のすき焼きのたれを使ってもOK。
3　フライパンにれんこんを入れて強火で炒める。
高温で焼くことで細胞が壊れ、味が入りやすくな
る。火を止め、2を加え混ぜ合わせる。とき卵に
つけながら食べる。好みで七味唐辛子を振る。

れんこんは極力薄く切り、しっ
かりとたれを絡めながら火を通
して。卵との相性抜群。

よーく見て選びましょう。ポイントは泥付き

◎選び方

- 皮にしっとり湿り気がある
- 実がかたくしまっている
  →柔らかい部分がない
- ずっしり重い
- 泥付きのものを選ぶ
  →鮮度が保たれやすい
- お尻がまるまると太っている
- 袋の中が蒸れていない
  →カビが生えやすいので注意

◎品種

❤八ツ頭
親芋と子芋がかたまりになっている。粉質でホクホクして食感が良い。縁起物としておせち料理にも使われる。

❤セレベス
ホクホクとして、ぬめりが少ない。別名は赤芽。

❤海老芋
京都の伝統野菜。ねっとりとした食感とうまみが特徴。

❤京芋
子芋をつけず、肥大する親芋を食べる品種。地上に伸びる姿がたけのこにも似ているので、たけのこ芋とも呼ばれる。

◎保存
里芋は最適保存温度が10℃前後、寒さが苦手なため、常温の冷暗所か夏は野菜室で保存がベスト。

❤常温の場合
1_ダンボールに新聞紙やキッチンペーパーを敷き詰める
2_里芋は洗わず泥付きのままダンボールの中に入れる
3_新聞紙やキッチンペーパーを被せる
4_冷暗所で保存する
保存期間は約1週間

❤冷凍の場合
1_よく洗って皮をむく
2_輪切りにする

3_冷凍用保存袋に入れる
4_冷凍庫に入れる
保存期間は約1ヵ月
凍ったまま煮物にしたり、汁物に入れる。

◎豆知識

❤里芋の赤み
赤芽里芋など、もともと赤みのある品種を除いて、里芋をカットしたときに赤い斑点があったり外側が赤いものは、ポリフェノールの一種であるアントシアニンが酸化したもの。収穫後、時間が経つと現れます。食べても問題はないのですが、風味が落ちている可能性が高いので早めに食べて。

❤皮のまま蒸すと栄養が流出しない
里芋のカリウムは水溶性なので皮をむいて料理すると溶け出します。皮のまま蒸すと、流出を抑えられます。

シンプルに味わう！

めんつゆとバターの間違えない組み合わせ

◎里芋のバターめんつゆソテー

❤材料（作りやすい分量）
里芋…4個	砂糖…大さじ1/2
めんつゆ（3倍濃縮）…大さじ1	塩…適量
バター…10g	白いりごま…少々

❤作り方
1 里芋はよく洗い、10分ほど塩ゆでする。
2 粗熱がとれたら皮をむき、一口大に切る。
3 フライパンにめんつゆ、バター、砂糖を熱し、**2**をソテーする。仕上げに白いりごまを振る。

里芋は意外とフライにすると超うまい。外はサクッ、中はねっとり。コロッケのような感覚でお召し上がりください。

里芋の食感と衣の食感が、新しくておいしい

里芋のカツ

❤️材料（2人分）

里芋…2個

A | 小麦粉…60g
　 | 卵…1個
　 | 水…30ml

パン粉…適量

揚げ油…適量

❤️作り方

1 里芋は耐熱容器に入れてラップをかけ、電子レンジで4分ほど加熱し、粗熱をとる。皮をむき、輪切りにする。

2 Aのバッター液を混ぜ、**1**をくぐらせて表面にパン粉をつける。

3 鍋に油を熱し、**2**を揚げる。低温からスタートして180℃になるまで揚げ焼きにすることで衣がはがれにくくなります。両面がカリッと揚がったら油をきって器に盛り、好みで市販のソースや塩（分量外）で食べる。

シワシワになったにんじんは回復できます

◎選び方

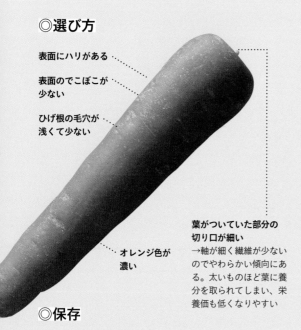

表面にハリがある

表面のでこぼこが
少ない

ひげ根の毛穴が
浅くて少ない

オレンジ色が
濃い

葉がついていた部分の
切り口が細い
→軸が細く繊維が少ない
のでやわらかい傾向にあ
る。太いものほど葉に養
分を取られてしまい、栄
養価も低くなりやすい

◎保存

にんじんは湿気に弱いので、対策をして保存しましょう。

♥冷蔵の場合

1_水けを拭き取る
2_キッチンペーパーで包む
3_保存袋に入れる
4_冷蔵庫の冷蔵室に入れる

立てて保存するとより長持ちさせることができる。

保存期間は約2週間

♥冷凍の場合

1_にんじんをよく洗って薄いいちょう切りにする
2_冷凍用保存袋に入れる
3_冷蔵庫に入れる

保存期間は約1ヵ月。凍ったまま炒め物や味噌汁に。

◎豆知識

♥シワシワになったにんじんをツヤツヤに回復させる方法

シワシワになって柔らかくなってしまったにんじんは、復
活させることができます。にんじんを入れた容器に、全体
が浸かるまで水を入れるだけ。そのまま冷蔵室で1～2日
保存するだけで水分を吸収し、かたいにんじんに戻ります。
鮮度が元通りになるわけではないので、早めに使い切って。

♥にんじんの栄養を最大限摂取する方法

にんじんは油と一緒に食べましょう。にんじんに多く含ま
れているβ-カロテンは脂溶性です。炒め物にしたり、ド
レッシングをかけることで吸収率が高まります。β-カロ
テンの吸収率は生で8%、茹でると30%、油と摂ると70
%といわれています。

♥β-カロテンは皮の下に多く含まれている

市販されている大半のにんじんは専用の機械で洗われてい
て、既に皮がむかれた状態になっています。β-カロテン
は皮の下に多く含まれているので、ピーラーなどで皮をむ
かずによく洗ってそのまま調理するのがおすすめ。

◎栄養

♥β-カロテン

がん予防、風邪予防、肌荒れ改善、髪の健康維持、疲れ目
の予防、感染症予防などが期待できます。皮膚や粘膜の健
康維持や発育促進の効果があり、不足すると目の疲れや視
力の低下、視覚の暗順応の低下などが起こります。

シンプルに味わう!

クミンの香りがアクセント。通年常備したい副菜

◎キャロットラペ

♥材料（作りやすい分量）

にんじん…1本　塩…ふたつまみ

A	ホワイトバルサミコ酢 （またはリンゴ酢）…大さじ2 オリーブオイル…大さじ1	はちみつ…小さじ2 クミン（ホール） …ひとつまみ

♥作り方

1　にんじんは細いせん切りにする。
2　塩を振り、軽く塩もみして水けを絞る。混ぜ合わせた
Aを加えてあえる。

にんじんは皮をむかず丸ごと。「にんじんってこんなおいしかった？」って衝撃を受けると思います。一度お試しあれ。

ホイルの中でふっくら甘ーく蒸され、1本ペロリと食べられちゃう

にんじんのホイル焼き

❤︎材料（作りやすい分量）
にんじん…2本
オリーブオイル…大さじ2
塩…小さじ1/4
にんにく…1片
黒こしょう…適宜

❤︎作り方
1 アルミホイルにオリーブオイルを引き、塩をまぶして、にんじん、潰したにんにくをのせる。上からもう一枚アルミホイルを被せ、空気が漏れないように隙間なく閉じ、200℃に熱したオーブンで30分焼く。
2 にんじんを器に盛り付け、残ったオイルをかける。好みで黒こしょうを振っても。

しいたけ

カサがくるんと巻いているものを選んで

◎選び方

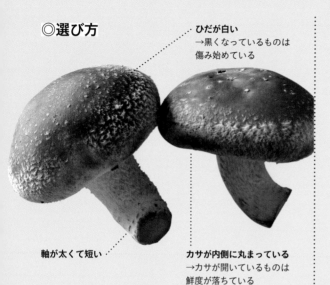

ひだが白い
→黒くなっているものは
傷み始めている

軸が太くて短い

カサが内側に丸まっている
→カサが開いているものは
鮮度が落ちている

◎保存

❤冷蔵の場合

1_汚れは湿らせたキッチンペーパーで拭き取る
2_1個ずつペーパータオルで包む
3_カサを下に向けて保存袋に入れる
4_冷蔵庫の冷蔵室に入れる
保存期間は約1週間

❤冷凍の場合

1_汚れは湿らせたキッチンペーパーで拭き取る
2_軸を取り除き、薄切りにする
3_冷凍用保存袋に入れる
4_冷凍庫に入れる
※軸の部分は食感が変わるので冷凍には不向き。使う場合
は、凍ったまま味噌汁に入れたり、炒める。
保存期間は約1ヵ月

◎豆知識

❤冷凍で栄養価とうまみがアップ

しいたけは干ししいたけにするか冷凍保存がおすすめです。
間違っても冷蔵庫で長期保存をするようなことのないよう
に。うまみ成分であるグアニル酸を豊富に含んでいます
が、このうまみ成分や栄養素は細胞壁の中にあります。冷
凍すると、細胞内の水分が膨張し、細胞壁が壊れるため、
栄養素やうまみが溶け出し、体内で吸収されやすくなりま
す。1～2分常温に置くことで包丁が通るようになるので、
カットしてそのまま使いましょう。それ以上解凍してしま

うと水分が抜けて食味が悪くなってしまいます。

❤水洗いしない

しいたけに限らず、きのこは基本的に水洗いはしないでく
ださい。水にさらすとうまみや香りが飛んでしまいます。
食感も悪くなるので、汚れがある場合は、湿らせたキッチ
ンペーパーなどで拭き取るようにしましょう。天然物のき
のこで汚れが多く気になる場合などは、軽く水洗いする程
度にしましょう。

シンプルに味わう!

どのきのこにも合う王道のおいしさ"バター×しょうゆ"

◎しいたけのバターじょうゆソテー

❤材料（作りやすい分量）

しいたけ…6個　　しょうゆ…小さじ2
バター…10g

❤作り方

1　しいたけは半分に切る。
2　フライパンにバターを熱し、しいたけを炒め、しょう
ゆをからめる。

具材同士の相性がいいから一体感が
出て、うまみのボリュームがUP。
コンキリエを使えば見た目オシャレ
でかわいくなります。

ロング、ショート、どんなパスタにも合う、うまみ食材の融合

しいたけと鶏もも肉のショートパスタ

❤️材料（1人分）

ショートパスタ
　（コンキリエ）…80g

コンキリエ。貝殻のよ
うな形でソースが絡む。
他のパスタでもOK。

しいたけ…2個
鶏もも肉…80g
オリーブオイル、塩…各適量
鶏がらスープの素
　…小さじ1/2
バター（食塩不使用）…10g
ゆで汁…70ml
仕上げ用バター
　（食塩不使用）…5g
パルミジャーノ・レッジャーノ
　のすりおろし…50g
黒こしょう…少々

❤️作り方

1　鶏肉はコンキリエと同じくらいの大きさに切
る。しいたけも軸を取り、同じ大きさに切る。
2　パスタを、湯の量に対して1％の塩を入れた
湯で、袋の表示どおりにゆでる。
3　フライパンにオリーブオイルを入れて熱し、
1を加えて塩を振って炒める。
4　フライパンにゆで汁と鶏がらスープの素、バ
ターを加え、30秒ほど煮詰める。ゆであがった
パスタを加え、仕上げにバターを加え、パルミジ
ャーノ・レッジャーノのすりおろしをかける。
5　器に盛り、黒こしょうを振る。

しめじは洗わないでください

◎選び方

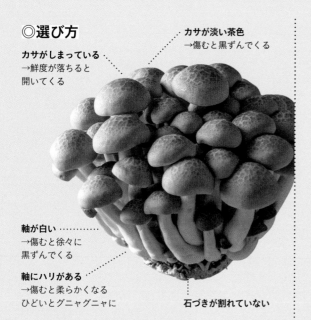

カサがしまっている‥‥
→鮮度が落ちると
開いてくる

カサが淡い茶色
→傷むと黒ずんでくる

軸が白い‥‥
→傷むと徐々に
黒ずんでくる

軸にハリがある‥‥
→傷むと柔らかくなる
ひどいとグニャグニャに

石づきが割れていない

◎保存

❤冷蔵の場合
1_キッチンペーパーで包む
2_保存袋に入れる
3_冷蔵庫の冷蔵室で保存
保存期間は約1週間

❤冷凍の場合
1_石づきをとる
2_ほぐしてバラバラにする
3_冷凍用保存袋に入れる
4_冷凍庫に入れる
保存期間は約1ヵ月

他のきのこと混ぜて冷凍用保存袋に入れて冷凍すると冷凍
きのこミックスが作れるのでおすすめです。
冷凍したしめじを料理に使うときは、凍ったまま炒め物や
汁物に入れましょう。解凍してしまうと、水分が抜けて食
感が悪くなってしまいます。冷凍したしめじは必ず凍った
まま加熱調理をしてくださいね。

◎豆知識

❤鮮度チェック
ぶなしめじは袋に入った状態では、鮮度の良いものを見分
けるのは難しい。私が鮮度チェックをする際は、袋の上か
ら優しく触ってハリをチェックしています。しっかりハリ

があるしめじは鮮度が良いですが、グニャッとするものは
見切り品に回しています。

❤調理前に洗ってはいけない
しめじに限らず、きのこは水洗いすると風味が飛んでおい
しくなくなります。天然ものではないぶなしめじは工場で
栽培されているので、すごく汚れているということは基本
的にないはずです。汚れが気になる場合は、洗わずに湿ら
せたキッチンペーパーなどで拭き取るようにしましょう。

❤干しきのこ
ほぐして天日に当てるといいことがたくさん。きのこの多
くは骨を丈夫にするビタミンDが増えます。えのきは歯ご
たえがアップし、保存が利くようになります。しめじもう
まみが増します。しいたけは薄切りにしてカラカラになる
まで干すと、自家製干ししいたけとして長く楽しめます。

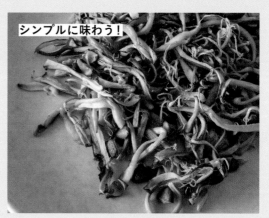

シンプルに味わう！

乾燥させることでうまみがぎゅぎゅぎゅっと凝縮

◎干しきのこのカリカリソテー

❤材料（1人分）
しめじ、まいたけ、えのきなど…各45g
オリーブオイル…大さじ1と2/3
塩…適量

❤作り方
1　きのこは石づきをと
り手でほぐす。バットに
広げ、冷蔵庫で一晩干す。
2　フライパンにオリー
ブオイルをひいて炒め、
塩で味を整える。

干すことでうまみが凝縮！保存
もきいて、いいことづくし。

> フライパン一つでできてきのこのうまみを最大限に味わえる、超簡単なパスタ。きのこのうまみはやばい！ワンパンとは思えないうまさです。

パスタの下ゆでさえなしで、だしを吸った絶品クリームパスタの完成！

きのこのワンパンクリームパスタ

❤️材料（1人分）

好みのきのこ3種…計80g
　（写真はまいたけ、しめじ、マッシュルーム）
オリーブオイル…大さじ1
にんにくのみじん切り…1片分
パスタ（1.4mm）…100g
顆粒コンソメ…5g
生クリーム…30ml
バター（食塩不使用）…5g
パルミジャーノのすりおろし…13g
パルミジャーノ（すりおろし、仕上げ用）、
　黒こしょう…各適量

❤️作り方

1　マッシュルームは0.8mmの薄切りにする。その他のきのこは食べやすい大きさに裂く。

2　フライパンにオリーブオイル、にんにくを入れ火にかける。香りが立ってきたらきのこを入れ、軽く塩（分量外）を振って炒める。全体にオイルが回ったら、あまりフライパンを動かさずきのこの片面に軽く焼き色をつける。水380ml、塩ひとつまみ（分量外）を入れてひと煮立ちさせる。

3　沸騰したらパスタ、コンソメを入れ、強火で沸騰状態を維持させながら5〜10秒ゆでる。生クリームを加え、パスタがちょうどよいかたさになったら、ソースの水分量を、水で調節し、バターを入れて混ぜ合わせる。バターが溶けたら火を止めパルミジャーノを入れて全体に混ぜる。

4　器に盛り、仕上げ用のパルミジャーノと黒こしょうを振る。

WINTER

冬野菜

冬は「ほうれんそう」「白菜」「冬キャベツ」などの葉物野菜
や「ブロッコリー」「大根」などの野菜が旬を迎えます。
これらの野菜たちは寒さにあたると自身が凍らないように
糖を生成し蓄積するので、寒い冬に甘みが増します。
白菜、大根、キャベツなどの大物野菜を
ペロリと食べられる絶品レシピをご紹介します。

025

白菜

カット白菜は切り口が黄色くて平らなものが◎

◎選び方

先端が開いておらず閉じている

カットされたものの場合
・切り口が緑色のものは避ける
　→光合成で徐々に変色
・切り口が盛り上がっているものは避ける
・切り口や芯が黒ずんでいるものは避ける
・葉がよく詰まっているものを選ぶ

ずっしりと重い→糖度が高い

黒い斑点があっても大丈夫
→黒い斑点はポリフェノール

芯が500円玉サイズ→生育がいい

◎保存

●1玉の場合
キッチンペーパーで包み常温で保存（保存期間は2〜3週間）。
●カットされたものの場合
キッチンペーパーで包み＋保存袋に入れて冷蔵庫の冷蔵室で保存。
（保存期間は5日程度）
●冷凍の場合
1_1枚ずつよく洗う
2_水けをよく拭き取る
3_ざく切りにする
油で炒めてから冷凍すれば食感が残りやすい
4_小分けにして冷凍用保存袋に入れて冷凍庫へ
●冷凍のメリット
細胞が壊れるので味が染み込みやすく、火の通りも早い。
使うときは、凍ったまま鍋や味噌汁に入れる。

◎解凍

●凍ったまま鍋や味噌汁に入れる
　●炒めもののときは最後に入れる
　→水分が多く出て水っぽくなるので片栗粉でとろみをつけると◎
　●冷蔵庫で自然解凍
　→水けをしっかり絞ると漬物に近い食感になる
　→塩は浅漬け風、キムチの素であえると即席キムチになる、ごまあえなども◎

◎豆知識

●白菜を長持ちさせるための使い方
白菜を長持ちさせたいなら、調理法により使用する部位を変えましょう。
カットされた白菜は、内葉から使うことで長持ちさせることができます。
野菜は収穫後も生きており、成長を続けています。成長点を壊したり、取り除くことで成長を止めることができます。白菜の成長点は芯の少し上側の葉にあるので、内葉から使って成長を止めてあげると長持ちさせることができるというわけです。ただやはり包丁を入れると切り口から傷んでしまうので、まるまる1玉の白菜を購入したときは包丁でカットせずに外葉から使いましょう。

P9
参照

●汁も飲む
白菜に含まれるビタミンCや葉酸は水溶性なので、ゆでると水に溶け出してしまいます。スープや味噌汁にして汁ごと摂取しましょう。
●白菜の黒い斑点の正体
「白菜に黒い斑点があるけど、洗ってもとれない」その白菜、捨てないでください。黒い斑点の正体はポリフェノールです。生育時のストレスで発生することがありますが、ポリフェノールなので食べても問題ありません。
●白菜は切っても生きている
野菜は収穫されて売り場に並んでいるときも、まだ生きています。切られても死にません。成長し、呼吸を続けています。カットされた白菜の断面が盛り上がるのも、黄色から緑色に変色するのも、生きているからです。その成長を止めることで、栄養が消費されずに残り、おいしい状態のまま長持ちさせることができます。

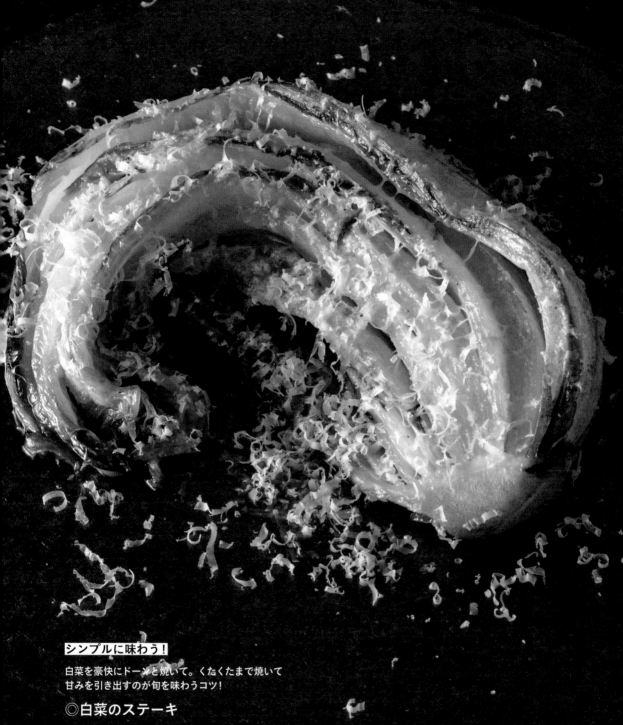

シンプルに味わう！

白菜を豪快にドーンと焼いて。くたくたまで焼いて
甘みを引き出すのが旬を味わうコツ！

◎白菜のステーキ

❤材料（1人分）

白菜…1/8個

オリーブオイル…適量

塩…適量

パルミジャーノ・レッジャーノのすりおろし、
　岩塩、エクストラバージンオリーブオイル
　…各適量

❤作り方

1　白菜はフライパンで多めのオリーブオイルで焼く。
片面にしっかり焼き色がついたら、塩をまんべんなく振
って裏返す。厚い部分には多めに塩を振り、両面にしっ
かり焼き色がついたらキッチンペーパーで余分な油を拭
く。

2　器に盛り、仕上げにパルミジャーノ、岩塩、エクス
トラバージンオリーブオイルをかける。

超シンプルな白菜のパスタ。地味な
見た目なのにこれが最高にうまい。
簡単なので覚えておいてほしい一品
です。

水分量は、様子をみて水で調節す
る。フライパンを傾けて少々多い
かな、と思うくらいでちょうどいい。

白菜だけで勝負するパスタは、
うまみをどれだけ引き出すかが勝負

白菜のワンパン
クリームパスタ

❤️材料（1人分）

白菜…150g
パスタ（1.4mm）…100g
ピュアオリーブオイル…大さじ1と1/2
にんにくのみじん切り…1片分
塩…適量
顆粒コンソメ…5g
生クリーム…大さじ2
バター…5g
パルミジャーノ・レッジャーノ…13g
パルミジャーノ・レッジャーノ（仕上げ用）、
　黒こしょう…各適量

❤️作り方

1　白菜は一口大に切る（芯の部分は薄めに切る）。
2　フライパンにオリーブオイルとにんにくを入
れ、弱火でじっくりとオイルに香りを移す。にん
にくが色づいてきたら白菜を入れ、軽く塩をして
炒める。白菜に軽く焼き色がつき芯の部分が透き
通ってきたら一度バットに取り出す。
3　2のフライパンに水350ml、コンソメ、塩ひ
とつまみを入れ、ひと煮立ちさせる。沸騰したら
パスタを入れ、常に沸騰を維持するくらいの火加
減でときどき全体を混ぜながら5分ゆでる。水分
が足りなくなったら少しずつ水を足して水分量を
調節する。5分まで残り1分のところで生クリー
ムを入れる。パスタがゆであがったら、2の白菜
を戻し入れ、バターを加えて混ぜ合わせる。
4　火を止めてパルミジャーノを削り入れて混ぜ
合わせ、器に盛る。仕上げに削ったパルミジャー
ノと黒こしょうをかける。

冬キャベツはずしっと重いものが甘い

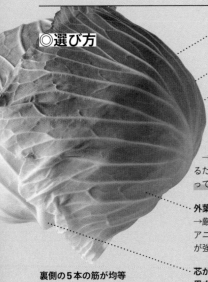

◎選び方

外葉がついている
→しおれていない

ハリとツヤがある

鮮やかな緑色

ずっしりと重たい
→重いほど糖度が高い傾向がある
→冬は凍結から身を守るために、ぎっしり詰まって甘いものが多い

外葉が紫色のもの
→厳しい寒さでアントシアニンが出ている。甘みが強い証拠

芯がみずみずしく黒ずんでいない

裏側の5本の筋が均等
→「春キャベツ」で記した通り、五芒星は光合成を効率よくするための形。「冬キャベツ」も、いびつな形でないものほど生育時にストレスがかかっていないからおいしいのは同じ

カットされたものの場合
・芯が育ちすぎていない　・断面が黒ずんでいない
・断面が黄色い
・断面が平ら
　→盛り上がっているものは切ってから時間が経ち鮮度が落ちている
・葉がぎっしり詰まっている
　→しっかり詰まっているものほど甘い傾向がある

◎保存

❤冷蔵の場合
1_成長点を壊すか取り除く
2_キッチンペーパーで包む
3_ポリ袋に入れる
4_冷蔵庫の冷蔵室で保存
保存期間は約2週間

P9参照

❤冷凍の場合
1_食べやすい大きさにカットしてから水洗いする
2_水けをしっかり拭き取る
3_冷凍用保存袋に入れる
4_冷凍庫に入れる
保存期間は約1ヵ月
使うときは、凍ったまま味噌汁や鍋物、炒め物に加える。

◎豆知識

❤キャベツは強火で一気に炒める
水っぽくならず、ビタミンCが流れ出にくい。

❤芯の部分はミネラルが豊富
カルシウム、カリウム、リン、マグネシウムなどのミネラル分が葉の約2倍含まれているので、細かく刻んで食べて。

❤豚カツの相棒はなぜキャベツのせん切りなのか
キャベジンと呼ばれる栄養素を豊富に含んでいます。細胞分裂を促進し、タンパク質の合成を活性化する働きがあり、傷んだ胃粘膜組織の修復を促進します。揚げものの前にキャベツを食べることで、胃もたれ防止に。

❤キャベツは年中おいしい
春は葉が柔らかくみずみずしい生食に向く春キャベツ、夏は葉が厚めで生でも加熱してもおいしい高原キャベツ、冬は糖度が高く葉が厚くかたく締まっており鍋物や炒め物などの加熱調理に向く冬キャベツが出回る。

シンプルに味わう！

ぎゅっと甘い冬のキャベツはじっくり焼くステーキで

◎キャベツのステーキ

❤材料（作りやすい分量）
キャベツ（くし形切りに）…1/6個
塩…適量　オリーブオイル…大さじ1

❤作り方
1　フライパンにオリーブオイルとキャベツを入れて、表面に焼き色がつくまでじっくり焼く。
2　器に盛り、塩を振って、オリーブオイルをかける。

回鍋肉のような青椒肉絲を目指しました。キャベツの食感が加わるとより一層やみつきになります。米泥棒なおかず。丼にしてもうまい!

キャベツの外葉はぜひこの調理法で。
大人も子どもも大好きな味!

青椒肉絲風

♥材料（2人分）

豚ロース薄切り肉…100g
ピーマン…3個
キャベツ…50g
たけのこの水煮…80g
ごま油…小さじ1
A │ 片栗粉…大さじ1
　 │ しょうゆ…小さじ1
　 │ 塩…ふたつまみ
　 │ 酒…大さじ2
B │ みりん、酒、砂糖…各大さじ1
　 │ しょうゆ、水…各小さじ2
　 │ オイスターソース…大さじ1と1/2

♥作り方

1　冬キャベツは1cm幅の細切りに、たけのこは千切りにする。ピーマンは縦4等分に切り、ヘタ、種、ワタを取り除き、5mm幅に切る。
2　豚肉は1cm幅に切る。ボウルに豚肉を入れ、Aをもみこむ。
3　別のボウルにBを入れ、混ぜ合わせる。
4　フライパンを強めの中火で熱し、ごま油を入れて2を炒める。肉の色が変わったら、強めの中火のまま1を入れて炒め合わせる。とろみがついたら仕上げ用のごま油（分量外）を入れてさっとからめる。

大根

まっすぐで重いものを選んでください

◎選び方

葉がしおれているものは避ける

葉が黄色く変色しているものは避ける

皮にシワがよっていない

太くずっしり重い

葉の断面に空洞ができていたらすが入っている可能性が高いので避ける

ひげ根が浅くて少ない
→生育がいい

カットされたものの場合
・先端が辛く、葉の方は甘くてかたい、真ん中はみずみずしく柔らかい
　→先端は大根おろしに、葉の方はサラダや炒め物に、真ん中は煮物やおでんにおすすめ
　→先端の方が大きくカットされている店が多い
・切り口が透明、青、黒くなっているものは避ける
　→断面が青いのは青あざ症、高温多湿になる夏によく見られる現象で土壌にホウ素が欠乏することで起こる。食べられないことはないが、かたくて苦い可能性があるので取り除くのが無難

◎保存

❤冷蔵の場合
1_大根を3等分にカット
　→調理方法によって使い分けができる
2_キッチンペーパーで包む
3_保存用の袋に入れる
4_冷蔵庫の冷蔵室で保存
保存期間は約1週間

❤冷凍の場合
1_いちょう切りかせん切りにカット
2_1回分ごとに小分けして冷凍用保存袋に入れる
3_ドレッシングなどで味付けする
　→組織が壊れて食感が変わるのを避けるため
4_冷凍庫に入れる
保存期間は約1ヵ月
冷蔵庫で自然解凍または電子レンジの解凍モードで解凍。

◎豆知識

❤皮
大根の皮は捨てないでください。きんぴらや素揚げに。

❤冬が旬
冬の大根は寒さで自身の水分が凍らないように、みずから糖を生成し氷点を下げます。だから甘みが強いのです。

❤ふにゃふにゃになった大根を捨てないで
時間が経ちふにゃふにゃになってしまった大根を捨てないでください。腐っているのではなく、大根の水分が抜けてしまっているだけです。煮物など加熱調理する場合や、漬物にする場合はそのまま使いましょう。水分が抜けている分、うまみや甘みが凝縮されています。生で食べたいときは、水につけて半日おくとハリのある状態に戻ります。

シンプルに味わう！

大根が甘い時期にみずみずしさを味わえる新しい漬物

◎千枚漬け

❤材料（作りやすい分量）
大根…1/4本

A	ナンプラー…50ml	塩、鷹の爪の輪切り…各ふたつまみ
	りんご酢…100ml	砂糖…大さじ2

❤作り方
1　大根をごく薄い輪切りにし、塩を振って20分ほどおいたら水けを絞る。
2　Aを鍋に入れ、ひと煮立ちさせて火を止める。
3　1を2に浸し、冷蔵庫で30分以上冷やす。

我が家の定番。冬の時期は毎日食べ
たいぐらい好きな一品。
隠し味のりんご酢の酸味がかなりい
い仕事します。

SNSでも話題の逸品！
ほろりと煮えた鶏とこっくり味しみ大根が最高

鶏手羽大根

❤材料（作りやすい分量）
鶏手羽元‥300g
大根‥1/3本
A みりん‥大さじ4と1/3
 しょうゆ‥大さじ5と1/3
 砂糖‥大さじ9と1/2（85g）
 りんご酢または米酢‥大さじ1
  ※好みで加減して
 水‥600ml
ごま油‥適量

❤作り方
1 大根は大きめの乱切りにする。
2 1、手羽元を鍋に入れ、Aを加えて煮立たせ、
アクと脂をとる。強めの中火で20分ほど煮込む。
3 落とし蓋をして全体に味を染み込ませ、水分
が少なくなるまで煮る。とろみがついたら仕上げ
用のごま油を入れてさっと混ぜ合わせる。一度冷
ますと、さらに味が染み込んでおいしい。

葉も皮も！かぶは捨てるところがありません！

◎選び方

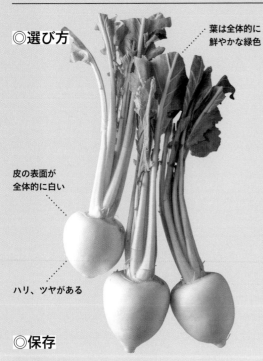

葉は全体的に
鮮やかな緑色

皮の表面が
全体的に白い

ハリ、ツヤがある

◎保存

❤冷蔵の場合
1_葉を切り落とす
2_1個ずつ新聞紙で包む
3_保存袋に入れる
4_冷蔵庫の冷蔵室に入れる
保存期間は約1週間

❤冷凍の場合
1_よく洗い皮をむく
2_縦4等分にする
3_5分ゆでる
4_冷凍用保存袋に入れる
5_冷凍庫に入れる
保存期間は約1ヵ月

冷凍したかぶを料理に使うときは、必ず凍ったまま加熱調理を。解凍してしまうと、水分が抜けて食感が悪くなってしまいます。

◎豆知識

❤すりおろすのもおすすめ
かぶには大根同様に消化を助けるアミラーゼが豊富に含まれています。また、喉の粘膜を保護するほか、消炎・解毒作用があります。大根おろしのように皮ごとすりおろして料理に加えたりスープにして飲むと効果的です。

❤葉もおいしい
かぶはアブラナ科の野菜で、同じアブラナ科の小松菜と同じように葉を茹でておひたしにしたり、炒め物にするなど、いろんな料理に使うことができます。かぶの葉は栄養豊富です。葉に多く含まれるβ-カロテンは生よりゆでた方が吸収率が高まるので、根と一緒に葉もスープやポトフに入れて食べると◎。

❤皮の用途
かぶの皮は捨てないでください。塩昆布とあえて浅漬けにしたり、きんぴらにするのがおすすめ。小さいかぶの場合は繊維質が少ないので、むかずに調理しても大丈夫なんです。

❤赤かぶ
赤かぶの赤い色は、アントシアニンによるもの。酢漬けにすると鮮やかに発色するので料理の彩りになります。

シンプルに味わう！

かぶの甘みととろっとした食感がたまらない

◎かぶのステーキ

❤材料（1人分）
かぶ…1個　　オリーブオイル…小さじ1
塩…適量

❤作り方
1　かぶはよく洗い、葉を切り、皮付きのまま上下を薄く切り落として、横半分に切る。
2　フライパンにオリーブオイルをひき、かぶと葉を入れて焼き色がつくまで両面をじっくり焼く。器に盛り、塩を添える。

かぶとアンチョビがとてもよく合う、
やさしいけどちゃんとうまみのある
パスタ。平たい形状のパスタ「リン
グイネ」はソースとよく絡みます。

かぶのスッキリとした味わいに
アンチョビが絡んでうなるおいしさ

かぶとアンチョビのパスタ

❤材料（1人分）
パスタ（リングイネ）…100g
にんにくのみじん切り…1片分
アンチョビ…2切れ
かぶ…2個
オリーブオイル、黒こしょう…各適量

❤作り方
1　かぶは縦4等分に切る。
2　パスタを、湯の量に対して
1％の塩を入れた湯で、袋の表
示通りにゆでる。ゆで時間残り
5分でかぶを入れる。
3　フライパンにオリーブオイ
ル、にんにく、アンチョビを入
れて熱し、パスタのゆで汁（50
ml目安）を加える。
4　ゆであがったパスタを3の
フライパンに入れ、オリーブオ
イルをかけて軽く煽って混ぜる。
5　器に盛り、黒こしょうを振
る。

パスタをゆでながらかぶをゆでて
しまう作戦。このような持ち手つ
きのざるを使うと引き上げやすい。

長ねぎ

長ねぎの緑の部分を捨てないで

◎選び方

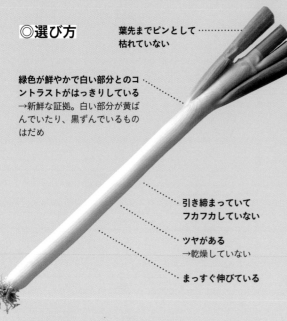

葉先までピンとして
枯れていない

緑色が鮮やかで白い部分とのコ
ントラストがはっきりしている
→新鮮な証拠。白い部分が黄ば
んでいたり、黒ずんでいるもの
はだめ

引き締まっていて
フカフカしていない

ツヤがある
→乾燥していない

まっすぐ伸びている

春ねぎ、夏ねぎ、秋冬ねぎと年中収穫されるが、冬の時期
は甘くておいしい。

◎保存

❤泥付きは常温保存がおすすめ
1_キッチンペーパーで包む
2_冷暗所で保存
❤洗ってあるものは冷蔵保存がおすすめ
1_3等分にカットする
2_ポリ袋に入れる
3_冷蔵庫の冷蔵室に入れる
保存期間は約1週間
❤冷凍の場合
1_よく洗って水けを拭き取り、小口切りにする
2_冷凍用保存袋に入れる
3_冷蔵庫の冷凍庫に入れる
凍ったまま味噌汁や炒めものに加えたり、納豆のトッピン
グなどに
保存期間は約1ヵ月

◎豆知識

❤緑の部分を捨てないでください
緑の部分が捨てられがちですが、なるべく捨てないで。緑
色の部分と白い部分は、畑で太陽に当たっていたか、土に
埋まっていたかの違いしかありません。緑の部分は料理の

臭み消しになるので、白い部分と一緒に使っても。
❤ぬるぬるの正体
緑色の部分を切ると、とろりとしたゼリー状の液体が出て
きます。これは様々な多糖類の複合体です。この粘液には
免疫細胞を活性化する働きがあり、その働きは加熱しても
損なわれません。さらに加熱することでフルクトースに変
わるため、ぬるぬるが多いほど甘くておいしくなります。

◎栄養

ねぎは加熱で抗酸化作用が2.5倍に
焼くことでβ-カロテンの吸収率が高まる。油と一緒に摂
るとさらに吸収率は高まる。
❤緑色の葉の部分は緑黄色野菜
葉の部分はβ-カロテンを多く含み、抗酸化作用がある。
骨を強化するカルシウムや造血作用のある葉酸を含む。
❤関東と関西
全国的にどちらも流通しているが、関東は長ねぎ、関西は
青ねぎが主流。

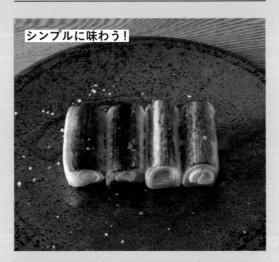

シンプルに味わう！

しっかり焼くのがおいしさのコツ！ 筒状の中はトロトロに

◎長ねぎのステーキ

❤材料（作りやすい分量）
長ねぎ…1本　　オリーブオイル、塩…各適量
❤作り方
1　長ねぎは適当な長さに切る。
2　フライパンにオリーブオイルをひき、長ねぎを全面に
焼き色がつくまでしっかり焼く。器に盛り塩を振る。

このビジュアルだけでよだれが出て
きます（笑）。柔らかく煮た旬のね
ぎがたっぷりで最高にうまい。
そばでも間違いないです。

ねぎ、きのこ、豚肉といううまみ食材が
集結したつけ汁は最高!

ねぎたっぷり
肉汁つけうどん

❤材料（1人分）
冷凍うどん…1玉
豚バラ薄切り肉…60g
長ねぎ…1本
しめじ…1/4パック
A｜めんつゆ（3倍濃縮）…大さじ1と1/2
　｜みりん…大さじ1
　｜水…200ml

❤作り方
1　長ねぎは1cm幅の斜め切りに、豚肉
は一口大に切り、しめじは石づきを取っ
てほぐす。
2　鍋にAを入れて火にかけ、**1**を加え
て煮る。
3　うどんをゆでてざるにあげる。レン
チンでも可。
4　それぞれ器に盛り、うどんを汁につ
けて食べる。

春菊は香りで選んで

◎選び方

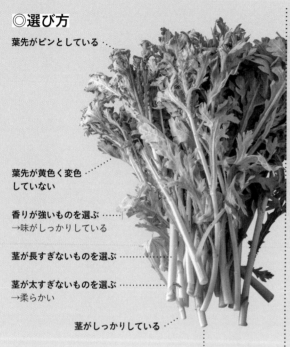

葉先がピンとしている ……

葉先が黄色く変色
していない

香りが強いものを選ぶ ……
→味がしっかりしている

茎が長すぎないものを選ぶ ……

茎が太すぎないものを選ぶ ……
→柔らかい

茎がしっかりしている ……

茎の切り口が
変色していない

◎保存

❤冷蔵の場合
1_根元を濡らす
2_キッチンペーパーで包む
3_ポリ袋に入れる
4_冷蔵庫の冷蔵室で保存
保存期間は約1週間
❤冷凍の場合
1_よく水洗いをする
2_水けをしっかり拭き取る
3_ざく切りにする
4_冷凍用保存袋に入れる
5_冷凍庫に入れる
保存期間は約1ヵ月
冷凍した春菊を料理に使うときは、凍ったままお鍋や汁物
に加えたり、炒めるなどしましょう。解凍すると食味が変
わってしまうのでかならず凍ったまま調理をお願いします。

◎豆知識

❤苦みが苦手な人は茹ですぎないのがポイント
1_茎を浸して30秒

2_全体を浸して20秒がベスト（苦みが苦手な人は10秒で
OK）
→ゆですぎると苦みが出る
3_冷水にさらし粗熱をとる
4_水けをきり食べやすいサイズにカット
❤茎よりも葉の方が苦い
❤春菊の苦みはポリフェノールによるもの
❤寒さが増すにつれて甘みと香りが増す
❤春菊独特の香りは芳香成分のα-ピネンという成分が含
まれていて、リラックス効果、発汗、消化促進作用が期待
できる

◎栄養

❤β-カロテンはほうれんそうや小松菜よりも多く含まれる

シンプルに味わう！

甘酸っぱいドレッシングと桜えびの香りがやみつき！

◎春菊のサラダ

❤材料（作りやすい分量）
春菊…2束　　桜えび…適量
A｜りんご酢…小さじ2
　｜オリーブオイル…小さじ2
　｜はちみつ…小さじ1/2
❤作り方
1　春菊は適当な大きさに切る。
2　1と桜えびをボウルに入れ、Aとあえる。

ボウルで仕上げる超簡単パスタ。春菊のほろ苦い香りに、塩昆布のうまみと塩みがよく合います。めんつゆとバターの相性も最高。

SNSでも大人気の無限パスタ！
混ぜるだけの超簡単＆絶品レシピ

無限！春菊のパスタ

❤材料（1人分）
春菊…2本
パスタ（1.7mm）…100g
バター…10g
めんつゆ（3倍濃縮）…小さじ1
塩昆布…大さじ1

❤作り方
1 春菊は食べやすい長さに切る。パスタは、湯の量に対して1%の塩を入れた湯で、袋の表示通りにゆでる。
2 ボウルにバター、塩昆布、めんつゆを入れる。ゆであがったパスタを加え、あえる。春菊を生のまま加え、混ぜ合わせる（下記参照）。

ボウルでぐるぐる混ぜるだけの簡単パスタ。火加減がいらないので失敗なし。よーく混ぜて乳化して。

ほうれんそう

しおれたら、お湯につけるだけで復活します

◎選び方

葉先までピンと
している

鮮やかな緑色

茎が太くて短い

根元の赤みが強い

◎保存

♥冷蔵の場合

1_よく水洗いする

2_キッチンペーパーで包む

3_保存袋に入れる

4_冷蔵庫の冷蔵室に入れる

保存期間は約1週間

♥生のまま冷凍の場合

1_よく洗い水けをしっかり拭き取る

2_食べやすい長さにカット

3_小分けしてラップで包む

4_冷凍用保存袋に入れて冷凍庫へ

ゆでてから使う、もしくはゆでてから冷凍でも◎。

♥ゆでてから冷凍の場合

1_かためにゆでる

2_水けをしっかり拭き取る

3_食べやすい大きさにカット

4_小分けにしてラップで包む

5_冷凍用保存袋に入れて冷凍庫へ

保存期間は約1ヵ月

使うときは凍ったままシチューや味噌汁、ラーメンの具などに。

◎豆知識

♥茹でるときは1分がベスト

1_ゆでる際は塩分濃度1％を目安に塩を入れる

2_根元を30秒湯につける

3_葉を沈めてさらに30秒ゆでる

4_冷水にとり水けを絞る

→ゆですぎると水溶性の栄養素やうまみが逃げる

♥ほうれんそうは冬が旬

夏のほうれんそうに比べてビタミンCは3倍、β-カロテンも冬の方が多い。糖度も冬の方が高いと言われています。

♥しなびてもお湯につけるだけでシャキッとする

50℃の湯に1分つけるだけでシワシワになった葉がピンシャキに戻ります。同時にタンパク質を生成し保存性も高まると言われています。

♥茹でる前に切るのはダメ。水溶性の栄養素が流出する

♥根元を捨てないで

マンガン、ポリフェノールを多く含むので葉となるべく食べることをおすすめします。

シンプルに味わう！

一番シンプルなほうれんそうの副菜といえばこれ

◎ほうれんそうのおひたし

♥材料（作りやすい分量）

ほうれんそう…1束   水…100ml

めんつゆ（3倍濃縮）…大さじ2   かつお節、塩…各適量

♥作り方

1   ほうれんそうは根元を中心によく水で洗う。塩を入れた熱湯（塩分濃度は1％が目安）で2分ほどゆで、冷水に取り、さっと水洗いする。長さを4等分にし、水けを絞る。

2   ボウルにめんつゆと水を入れ1を浸し、30分以上おく。

3   器に盛り、かつお節をのせる。

人気のカルボナーラを具だくさんに。
野菜もチャージできる優秀な一皿ごはん

シンプルなカルボナーラもいいけど、
たまにはこういう食べ方もあり。
卵液を入れてからは手際と火加減が
勝負す。

ほうれんそうとベーコンの
カルボナーラ

❤材料（1人分）

ほうれんそう…1/2束
パスタ（1.4mm）…100g
ブロックベーコン…40g
黒こしょう…少々
塩…適量
顆粒コンソメ…5g
水…350ml
オリーブオイル…大さじ1
A｜卵黄…1個分
　｜パルミジャーノ・
　｜　レッジャーノの
　｜　すりおろしまたは
　｜　粉チーズ…15g
　｜生クリーム…15ml
　｜水…30ml
　｜黒こしょう…適量
パルミジャーノ・
　レッジャーノの
　すりおろしまたは
　粉チーズ、黒こしょう
　…各適量

❤作り方

1　鍋に水の量の1％ほどの塩を加えて沸騰させ、ほうれんそうを入れて30秒ほど
ゆで、流水にさらし、水けを絞る。根元を切り落とし、3cm長さに切る。ベーコンは
5mm幅の棒状に切る。Aは混ぜ合わせておく。
2　フライパンに黒こしょうを入れ、から炒りする。香りが立ってきたらオリーブオ
イルを入れ、ベーコンを炒め、焼き色がついたらバットに取り出す。
3　2のフライパンに水、コンソメ、塩ひとつまみを入れ、沸騰させる。パスタを入
れ、強火で沸騰状態を維持させながら5分間ゆでる。
4　パスタがゆであがる直前にベーコンを戻し入れ、ほうれんそうを加え、パスタが
ゆであがったら火を止めてAを入れ、全体になじませる。弱火で火にかけたり、離し
たりしながら混ぜ、ソースを適度な濃度にする。
5　器に盛り、パルミジャーノ・レッジャーノのすりおろしと黒こしょうを振る。

カルボナーラがダマにならない
方法のひとつは、ゴムベラを使
うこと。

ブロッコリー

表面の白い粉は、鮮度の証。保存は必ず冷蔵で！

◎選び方

蕾が硬く ………
締まっている

基本的には
鮮やかな緑色 ………
→黄色は花が咲き
かけているからダメ

切り口にすが入っていない ………
→すが入っていると繊維がかたい

冬になると出回る紫がかったもの
もおいしい
→寒さにあたりアントシアニンが
出ている証拠なので避けないで
※アントシアニンフリーの品種も多く
あるので、緑のものがダメというわけ
ではない

白い粉を吹いているものは、ブルームと呼ばれる防衛反応。
ブロッコリー自身が生成する成分であり農薬ではありません。

◎保存

❤前提
3日間の常温保存でビタミンCは半分になる。
必ず冷蔵保存を！

❤冷蔵の場合
1_よく洗って水けをしっかり拭き取る
2_キッチンペーパーで包む
3_ポリ袋に入れる
4_冷蔵庫の冷蔵室で保存
保存期間は約1週間

❤冷凍の場合
1_よく洗って水けをしっかり拭き取る
2_使いやすい量に小分けしてラップで包む
3_冷凍用保存袋に入れる
4_冷凍庫に入れる
保存期間は約1ヵ月

◎豆知識

❤筋トレをしている人におすすめ
ブロッコリーが筋トレに向く理由は、第一に筋トレに必須
なタンパク質が含まれているからです。その含有量は
100g当たり4.3gと言われています。またビタミン、ミネ

ラルのバランスがよく、男性ホルモンのテストステロンも
含まれているので、筋トレ効果のアップが期待できます。

❤茎を捨てないで
ブロッコリーの茎は食べることができるので捨てないでく
ださい。ビタミンCやβ-カロテンは蕾よりも茎に多いん
です。筋っぽいのは茎の皮です。皮は包丁で削いでもいい
ですが、簡単に取り除く方法があります。

❤茎の皮は筋っぽいがレンチンでスルッとはがれる
皮に縦に1本切り込みを入れ、電子レンジで約1分加熱。

❤ブロッコリーの洗い方
ブロッコリーの蕾には虫や汚れが潜んでいる可能性が高い。
洗い方を工夫して汚れを落としてから調理しましょう。特
にレンジ調理の場合は必須。
1_余分な葉を取り除く
2_蕾を下に小分けにしてポリ袋に入れる
3_蕾が浸かるくらいの水をポリ袋に入れる
4_ボウルなどで固定し15分放置
5_ポリ袋を振って汚れを落とす

シンプルに味わう！

鮮度のいいブロッコリーはシンプルに食べるのが最も贅沢

◎ブロッコリーの塩ゆで

❤材料（作りやすい分量）
ブロッコリー…1/2個　　塩、マヨネーズ…各適量

❤作り方
1　ブロッコリーは一口大に切り、2分ほど塩茹でする。
ざるに上げて自然に冷ます（水にさらさない）。器に盛り、
マヨネーズを添える。

あえてくたくたに茹でたブロッコリーをパスタソースに！

くたくたブロッコリーの
ジェノベーゼ

S字の溝にソースがよく絡む「カザレッチェ」に、市販のジェノベーゼペーストで簡単に味つけしました。これならすぐできるでしょ。

♥材料（1人分）
ブロッコリー…50g
ショートパスタ（カザレッチェ）…100g
ジェノベーゼペースト（市販品でもOK）…35g
パルミジャーノ・レッジャーノの
　すりおろし、塩…各適量

♥作り方
1　湯の量に対して1％の塩を入れた湯で、パスタとブロッコリーを一緒にゆでる（パスタは袋の指定時間通りに）。
2　ジェノベーゼペーストをフライパンに入れ、パスタがゆであがる1分前にブロッコリーだけをざるですくってフライパンへ入れる。ジェノベーゼペーストと合わせる。
3　ゆであがったパスタを2のフライパンに加えて火にかけ、軽く煽る。器に盛り、パルミジャーノ・レッジャーノのすりおろしをかける。好みで、砕いたアーモンド（分量外）を振ってもおいしい。

ジェノベーゼ（バジルペースト）は、ブロッコリーのうまみを追加すれば市販品でも絶品。

青髪のテツ

スーパーの青果部歴14年の中で野菜の販売や仕入れをした経験から、2020年、「青髪のテツ」としてTwitterで野菜についての発信を始める。フォロワーは2023年4月末時点で56万超。本名や素顔は非公開。「野菜の選び方」「保存方法」「簡単レシピ」「旬」など野菜に限定した発信が注目されている。新たに野菜のブログ「やさいのトリセツ」も運営中。近著に『野菜売り場の歩き方』(サンマーク出版)『おいしい野菜まるみえ図鑑』(KADOKAWA)など。

【Twitter】
@tetsublogorg

鳥羽周作

1978年生まれ。一つ星レストラン「sio」のオーナーシェフ。sio株式会社／シズる株式会社代表取締役。Jリーグの練習生、小学校の教員を経て、31歳で料理の世界へ。2018年「sio」をオープン。同店は『ミシュランガイド東京2020』から4年連続一つ星を獲得している。現在、「sio」「Hotel's」「o/sio」「o/sio FUKUOKA」「パーラー大箸」「㐂つね」「ザ・ニューワールド」「おいしいパスタ」と8店舗を展開。書籍、SNS、YouTubeなどさまざまなメディアでも「おいしい」を発信している。モットーは『幸せの分母を増やす』。

【Twitter】
@pirlo05050505

【Instagram】@ouchi_de_sio
【YouTube】鳥羽周作のシズるチャンネル

構成・取材・文／中野桜子（SAKURA＆Co.）
撮影／白根正治
装丁・レイアウト／松本 歩（細山田デザイン事務所）
協力／シズる株式会社

野菜バイヤーと一つ星シェフが考えた新定番
おうち野菜の神レシピ

2023年5月29日　第1刷発行

著者　青髪のテツ　鳥羽周作
©Aogami-no-Tetsu, Shusaku Toba, 2023

発行者　森田浩章

発行所　株式会社講談社
　　　　〒112-8001
　　　　東京都文京区音羽2-12-21
　　　　電話　編集（03）5395-3474
　　　　　　　販売（03）5395-3608
　　　　　　　業務（03）5395-3615
印刷・製版所　凸版印刷株式会社
製本所　大口製本印刷株式会社

 KODANSHA

N.D.C. 596　96p　26cm　Printed in Japan

ISBN 978-4-06-531101-1